优秀传统文化

探秘之旅

申伟英　王利敏　主编

上海教育出版社
SHANGHAI EDUCATIONAL
PUBLISHING HOUSE

本书编委会

主　　编　申伟英
副主编　王利敏
编　　委　赵　烨　翟忆文　金　兰
　　　　　许营营　陈馨怡　朱玉晴

序

　　"求木之长者，必固其根本；欲流之远者，必浚其泉源……"习近平总书记指出，中华优秀传统文化是民族发展的根和魂，是支撑中华民族顽强不息的精神命脉，是新时代中国特色社会主义文化价值体系的重要源泉，是中华民族屹立于世界之林的坚实根基。党的二十大报告强调，"中华优秀传统文化源远流长、博大精深，是中华文明的智慧结晶"，要"传承中华优秀传统文化"，"不断提升国家文化软实力和中华文化影响力"。作为一种培养人的活动，教育是传递民族文化的重要路径。儿童与青少年学生是祖国的未来和民族的希望，传递中华优秀传统文化、加强中华优秀传统文化教育对引导儿童与青少年学生增强民族文化自信、培养中华优秀传统文化的继承者和弘扬者、落实立德树人根本任务、自觉践行社会主义核心价值观大有裨益。

　　自21世纪以来，中华优秀传统文化教育取得了显著的成效，但面对新形势下的新要求，基础教育阶段的中华优秀传统文化教育不可避免地面临着一系列困难与挑战。突出的问题主要表现在以下三个方面。一是学生对中华优秀传统文化重要性的认识有待提升。如今儿童与青少年学生的成长和发展嵌入在信息化、全球化的时代进程中，亲近传统文化的机会相对缺乏,使得他们无法深刻理解传统文化的重要意义。二是中华优秀传统文化学与教的方式较为单一。从实践来看,中华优秀传统文化教育仍然存在着"以知识的机械传输为主,重知识讲授,轻精神内涵深度理解"的现象。三是中华优秀传统文化教育内容的形式化。不少学校在开展中华优秀传统文化教育时,内容以千篇一律的抽象知识为主,远离学生的实际生活,难以真正激发学生对中华优秀传统文化的学习兴趣与热爱。

推进中华优秀传统文化教育是一项系统工程,任重而道远。为了应对中华优秀传统文化教育过程中的突出问题,有必要探求一条深度理解、以素养为基、融合学生生活实际的教育之路。自《义务教育课程方案(2022 年版)》要求在教育当中探索大单元教学,积极开展主题化、项目式学习等综合性教学活动,增强教育内容与育人目标之间的联系,使学生真正做到"做中学""用中学"和"创中学",项目化学习已逐渐成为一种育人"新样态",成为开展中华优秀传统文化学与教的重要方式之一,为学校更好地开展中华优秀传统文化教育提供了契机。

上海师范大学附属外国语小学地处具有"上海之根,浦江之源"美誉的上海市松江区。作为上海历史文化的发祥地,松江传承了上海的文化血脉,蕴含着丰富的文化基因与精神财富,为学校开展中华优秀传统文化教育提供了得天独厚的条件。基于此,学校依据真实性、生动性、深入性、综合性四个基本原则,打造了具有创新性的中华优秀传统文化教育实践形式。学校围绕"娃娃看松江"这一主题,把松江优秀传统文化融入衣、食、住、行、玩、寻六方面的项目化学习子主题中，以校本课程的形式在拓展课、社团活动、社会实践活动中实施，并通过校本银行评价体系对学生项目化学习的成果进行过程性评价，力求提升学生的跨学科知识融通运用能力与文化素养，弘扬中华优秀传统文化，从而真正实现以文化人的目的。

为了保证中华优秀传统文化项目化学习的有效开展，学校组建了一支专业素养扎实、研究能力突出、学历层次较高的科研骨干教师队伍，在充分实践的基础上为项目化学习寻求适切的理论支撑。学校构筑了跨学科教研机制，为不同学科和年级的教师提供了交流与对话的平台。学校搭建了多样化的学习支架，采用情境型、策略型、资源型、交流型、评价型学习支架助力学生解决问题，获得必备的学习素养。

从学校业已成集的"娃娃看松江"项目化学习案例来看，项目化学习为学校开展中华优秀传统文化教育注入了新的生机与活力。教师摒弃了抽象知识的机械灌输，增强了松江优秀传统文化与学生实际生活的联系，以极富吸引力的真实问题为驱动激发学生的学习兴趣，通过多学科跨界融合的方式增进学生对中华优秀传统文化的理解，从而提升学生的文化素养。

上海市教育科学研究院普通教育研究所

崔春华

2025 年 2 月

目录

探秘初衷

核心内容

　　学校以创建上海市义务教育项目化学习实验校为契机,立足对中华优秀传统文化教育方式革新的思考,结合对学生学习方式变革的持续实践,开展了以"松江优秀传统文化探秘之旅"为主题的跨学科项目化学习。本项目在总项目设计框架的基础上,遵循真实性、生动性、深入性、综合性四个基本原则,通过衣、食、住、行、玩、寻六个子项目进行具体推进,力求提升学生的跨学科综合素养,弘扬地域优秀传统文化,实现以文化人的目的。

一、项目基础

2002 年 8 月，为了适应松江新城建设发展的需要，高起点、高标准地发展基础教育，经上海市松江区人民政府与上海师范大学共同研究，同意合作办学，建立上海师范大学附属外国语小学，学校性质为公办学校。学校坐落于生机盎然的上海之根——古城松江的新城区谷阳北路 1355 号，南靠沪杭高速公路，北依佘山国家旅游度假区，东临松江出口加工区，西望松江大学城，近旁环绕上海市松江区行政服务中心、上海市第一人民医院（南院），距轨道交通 9 号线松江新城站约 600 米。学校的办学目标是遵循教育发展规律和学生身心发展规律，努力创办一所与新松江发展相匹配的"高标准、现代化、具有示范性和双语教学特色"的优质学校，努力把学生培养成"德智双全、身心两健、外语见长、自主创新"的现代小学生。学校整体办学质量在区内同类学校中名列前茅，从 2003 年至今每年被松江区教育督导室考核评定为办学质量 A 级学校，是区内教育质量较高、社会声誉良好、深受学生家长欢迎的小学之一。

图 1　上海师范大学附属外国语小学

学校十分注重教育教学改革，先后立项了多项市级、区级课题，形成了以课题研究引领学校发展的良好传统。"翻转课堂""多元课堂""生命课堂"等研究都在学校的课堂教学变革中取得丰硕成果。近年来,学校的课堂教学改革越来越注重打破学科界限,进行跨学科学习设计,如基于多元目标的英语学科教学改革,立足英语学科探索学生多元发展目标;基于松江优秀传统文化探索主题式综合实践课程,围绕"娃娃看松江"的主题构建若干子主题,以主题式学习的形式探索松江优秀传统文化;基于跨学科学习,探索以创新课程为主的项目化学习设计。这些探索与研究均已取得初步成果。

基于学校自身发展的需要、学生综合素养提升的需要和浓厚的科研氛围,学校拟申报"松江优秀传统文化探秘之旅"项目,在跨学科学习设计方面进行更深入的探索。

二、项目阐释

松江优秀传统文化历史悠久,涵盖范围广泛,我们将项目化学习中的松江优秀传统文化按照衣、食、住、行、玩、寻六方面进行主题划分,每个主题选择一个驱动性问题,引导学生开展项目化学习。以上项目化学习拟采用国家课程校本化实施的形式在学校的拓展课、社团活动、社会实践活动中实施。其中,拓展课为长课时,主要引导学生讨论和理解问题情境,明确项目化学习的目标和要求,助力学生实践后的成果展示与交流;社团活动为短课时,主要引导学生检索和查阅相关材料,制定探究方案,在后期呈现作品;社会实践活动为实地走访、探寻阶段,引导学生自主研究,做好分工、观察、检索、拍照、测量等过程性探索记录工作。以语文学科教师为主,其他学科的教师会在不同阶段参与到项目化学习指导中,做好观察、记录和指导工作。

由教导处负责管理与过程性评价,进行项目化学习调控,组织项目化学习评价,撰写项目化学习实施情况的总结。学校构建了附小银行评价体系,将学生的项目化学习表现纳入附小银行评价,逐渐形成学生的过程性评价档案袋。

三、项目目标

项目目标主要包括以下三个方面。

一是提升学生的跨学科综合素养,尤其要关注学生的文化认同、创新创造和问题解决能力,实现纵向贯通。新中考改革提出了跨学科案例分析的能力目标,意在考查学生综合利用各学科知识解决问题的能力。小学需要主动对接新中考要求,积极探索小学生综合素养的培育路径。而"松江优秀传统文化探秘之旅"正是我们培育小学生综合素养的重要项目。

二是打破单一学科界限,实现跨界融合。本项目以"松江优秀传统文化探秘之旅"为探究主题,以子项目的形式引领学生探究真实问题,综合运用语文、数学、自然、美术、历史等学科知识,让学生在解决问题的过程中提升学科知识融通运用能力。

三是以项目化的形式把松江优秀传统文化融入跨学科学习活动,引导学生弘扬松江优秀传统文化,提升文化素养,实现以文化人的目的。本项目希望激发学生对松江优秀传统文化的兴趣,进而让学生主动承担起传承松江优秀传统文化的责任。

四、项目内容

松江优秀传统文化历史悠久,涵盖范围广泛,在项目化学习过程中不可能全部囊括。在选择真实且具有挑战性的问题时,我们主要考虑四个原则:一是贴合学生的实际生活,选择探究的载体是学生喜闻乐见的;二是选择学生感兴趣的主题,以激发学生的探究欲望和兴趣;三是能够增进学生对传统文化的认同和理解;四是能够培养学生综合各学科知识解决问题的能力。因此,我们将项目化学习中的松江优秀传统文化按照衣、食、住、行、玩、寻六方面进行主题划分,每个主题选择一个驱动性问题,引导学生开展项目化学习。"松江优秀传统文化探秘之旅"项目内容见表1。

表1 "松江优秀传统文化探秘之旅"项目内容

主题	驱动性问题	所涉及的学科	预期成果	
衣被天下——小小服饰设计师	在不同场合下如何选择恰当的服饰	语文、美术、道德与法治、劳动与技术	学生自主举办主题式服饰秀(包括设计理念说明词、服饰制作流程等内容)	1.学校层面:形成具有传统文化特色的系列课程资源包 2.教师层面:提升教师的跨学科素养 3.学生层面:每个子项目形成学生的作品集
鱼米之乡——小小营养师	如何才能让全校学生对挑食行为说"不"	语文、数学、美术、道德与法治	学生以小组为单位,以小小营养师的身份,向全校学生宣传营养均衡搭配相关知识	
探访老城——松江漕运为什么这么发达	如何呈现松江漕运盛景并进一步推广松江漕运文化	音乐、语文、数学、美术、英语	学生用情景剧的方式展示当时松江漕运的繁荣景象	
行走街巷——老街巷里的文化记忆	松江老街巷该如何吸引游客	语文、信息、美术	举办一场以老街巷为主题的文化宣传活动	
玩转斜塔——天马山里的塔形斜影	怎样让护珠塔保持斜而不倒的状态	自然、语文、信息、美术、劳动与技术	护珠塔斜而不倒的原因说明及保护方案	
寻根究底——广富林文化遗址里的"根文化"	如何宣传松江历史文化名人	语文、信息、美术	设计一个广富林文化遗址实地探秘的游戏;制作松江历史文化名人宣传手册	

五、项目实施

(一) 适用年级

1至5年级的全体学生都可以参与项目化学习。

(二) 所需课时

为了保障项目化学习的有效开展,学校给予了充分、稳定的课时。每周2课时的拓展课,共15周,每学期大约有30课时可以用来开展项目化学习。每两周组织一次小组社团活动,后期会有 2 次现场探寻的社会实践活动。在充分、稳定的课时保障下,项目化学习能够持续推进。

(三) 实施教师

本项目的研究小组结构合理、层次多样,由 1 位上海市特级校长、1 位学校书记、3 位分管副校长、多名骨干教师组成。由校长室统筹安排项目组成员,由科研室负责项目研究的实践推进。学校牵头成立由语文、数学、自然、美术、音乐等学科骨干教师组成的团队负责项目实施。除了核心项目组成员,本课题还聘请国家级、市级、区级专家参与项目实施与指导,以确保项目研究取得实效。

(四) 实施方式

1. 组建学习小组

我们引导学生通过小组学习来充分理解并剖析驱动性问题。小组学习可以让学生学会选择,学会合作,学会担当。在实践过程中,要注意以下几点:一是要营造积极的合作氛围。如小组要有一个响亮的名字,有一句团结的口号,从而使小组合作饱含温度,充满凝聚力。二是要形成明确的合作契约,即小组学习评价量规。量规一般由师生共同设计而成,主要根据不同的学习任务对小组分工协作、相互合作等提出具体要求,从而引导、调控小组学习的过程。三是要采用灵活的合作策略。比如,教师可以根据任务特点,或让学生分工完成,或让学生合作完成。必要时,教师可以交错搭配,进行二次分组,即让组员在完成个人任务后,先与其他组承担相同任务的学生合作,组建"专家组",共同讨论所学内容,统一观点,再返回原来的学习小组,分享"专家组"的观点。

2. 搭建学习支架

学习支架是促进学生习得知识和技能、发展思维的关键。项目化学习对学生能力提出了更高的要求,搭建合理有效的学习支架有助于学生解决问题,获得必备的学习素养。学校的跨学科项目化学习对学生的要求较高,学生面对的是更加复杂的、需要调动综合学科知识来解决的真实问题,在学习中往往会碰到很多困难,这时就需要教师提供学习支架,帮助学生突破难题,进而创造性地解决问题。结合学校六个子项目的研究内容,我们采用了情境型、策略型、资源型、交流型、评价型五种类型的学习支架,运用了模型化、问题化、知识化三种策略来助力学生进行项目化学习。

3. 组织全程评价

为了让学生聚焦学习目标,持续深入地进行探究,学校将评价嵌入整个项目化学习的过程,主要表现在三个方面。一是与驱动性问题同步设计学习目标要求。教师在提出驱动性问题的同时要提出解决问题的评价要求,这些要求综合指向学生对概念的理解。二是与学习活动同步设计学习契约,包括学习时应有的表现和对阶段性学习成果的要求。学习契约是教师和学生协商设计的,它反映了师生的共同愿望,能引导、支持和调控学生的学习活动。教师围绕学习契约组织评价,不仅要对学生的学习表现和学习成果进行表扬或批评,还要给探究受阻的学生提供建议、提示和线索。三是与成果展示同步设计展评量规,内容包括成果标准、展示要求和对他人评价的要求。评价时,师生主要根据展评量规,就学习成果、学习过程、概念理解等方面进行展示、对话和思辨。

六、项目保障

为了保障项目顺利实施,学校采取了一系列有效的措施。

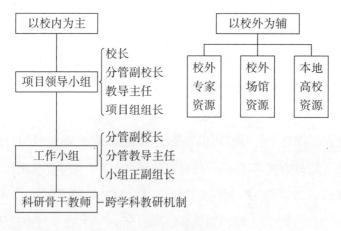

图 2　项目保障

（一）建立项目运行机制

学校成立了以校长为负责人的项目领导小组,组员包括分管副校长、教导主任、项目组组长。项目领导小组定期汇总分析项目实施中的问题,通过论坛讨论、教研分析、专家诊断等方式解决问题,从而推进项目实施。在项目领导小组的基础上,学校成立了由分管副校长负责的工作小组,组员包括分管教导主任、小组正副组长,每月定期开展研讨活动。每个小组都会落实"周例会"制度,借助跨学科教研机制具体推进工作。

（二）助力教师提升科研能力

学校组建了一支结构合理的科研队伍,通过科研与教学相结合的方式,培养了一批具有较高专业素养、较强研究能力的科研骨干教师。在科研手段上,学校开展了前期调研,广泛查阅文献、期刊、报纸等,避免科研工作重复进行,同时为科研工作寻求理论支撑。

（三）建立跨学科教研机制

鉴于项目化学习的综合性、开放性、整合性,单科性的教研活动不能很好地落实项目化学习,学校建立了跨学科教研机制。在跨学科教研活动中,不同学科、年级的教师灵活组成教学研究组,形成新的伙伴关系,围绕某一主题开展集体备课、听课和课后反思等教研活动。在跨学科教研活动中,各学科教师主动突破学科界限,建立了更加灵活、开放的动态教研机制。在相互融合的对话和交流中,教师发现、分析、解决问题的能力不断提升。这为项目化学习的顺利开展提供了有力的支持。

（四）充分挖掘可用资源

学校充分挖掘可用资源,以确保项目实施并取得实效。学校为各项目组配备了充足的校内资源和校外资源。这里重点介绍校外资源挖掘情况。学校联系了松江本地的场馆、景点、文物管理所等,与其建立良好的合作关系,助力学生实践体验学习。学校还积极挖掘松江本地的高校专业资源,确保项目顺利实施。

（五）提供强有力的智力和资金支持

学校聘请相关领域的校外专家来校进行指导，为项目研究提供智力支持和保障。学校为每位教职工配备了现代化的办公设备，有效提高了教职工的工作效率。为了保证项目的顺利实施，学校拟投入充足的资金。

▶ 专题 2

探秘之旅

核心内容

　　为了推进课程和课堂教学改革,学校尝试打破学科界限,重构课程。学校积极探索跨学科项目化学习设计的路径,以"松江优秀传统文化探秘之旅"为主题,从衣、食、住、行、玩、寻六方面进行项目化学习的实践研究。

子项目 1　衣被天下——小小服饰设计师

✻ 思维导图

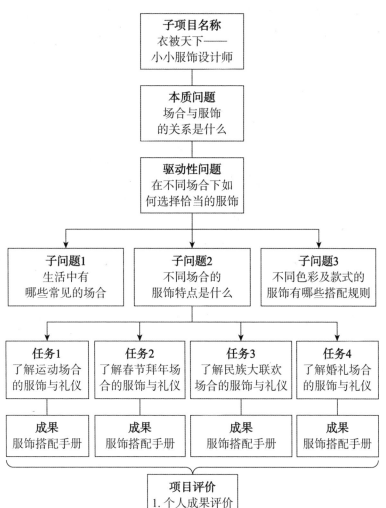

📖 项目简介

"衣被天下——小小服饰设计师"项目基于学校前期研发的"娃娃看松江"系列课程中的"衣被天下"课程进行项目化学习设计。本项目重点引导学生理解服饰文化中的色彩搭配、服饰设计等内容。本项目的本质问题为"场合与服饰的关系是什么",驱动性问题为"在不同场合下如何选择恰当的服饰"。通过真实的场景导入,让学生感受不同场合下适宜的服饰搭配,了解服饰搭配背后的设计、文化、习俗等方面的知识。

图 1　服饰设计

该项目可以充分发挥学生的想象力,锻炼学生的设计能力和生活决策能力,同时能激发学生的学习兴趣,使学生积极感受服饰美,体会服饰搭配背后的文化。"衣被天下——小小服饰设计师"项目简介见表 1。

表 1　"衣被天下——小小服饰设计师"项目简介

项目名称:衣被天下——小小服饰设计师	项目时长:10 课时
相关学科:语文、美术、道德与法治、劳动与技术	学段:二年级
教材和相关资料:校本课程资源"衣被天下"相关资料	
项目实施者:刘妮妮、翟忆文、沈翠敏、符伟琴、徐娟、陆艳、王心悦、周晓琳、董海青、潘静怡	
所需资源 设备资源:电脑 材料资源:海报纸、彩纸、剪刀、彩笔 人力资源:项目化学习、美术设计、视觉艺术等领域的专家	

(·) 项目目标

一、知识与能力目标

根据义务教育课程标准(2022 年版),选取二年级学段,确定各学科中对应的学习目标。

（一）知识目标

语文学科的知识目标:对周围的事物有好奇心,能就感兴趣的内容提出问题,结合课内外阅读共同讨论。结合语文学习,观察身边的事物,用口头或图文等方式表达自己的观察所得。积极参加校园、社区活动,结合活动,用口头或图文等方式表达自己的想法。

美术学科的知识目标:能尝试不同工具,用纸以及其他容易找到的资源,通过看看、画画、做做等大胆、自由地表现所见所闻、所思所想,体验造型活动的乐趣。

道德与法治学科的知识目标:知道我国历史悠久,能通过观看重要文化遗产的影片或收集相关的历史常识,了解中华民族对世界文明的贡献,以报告会的形式具体讲述相关内容,学会珍爱我国的文化遗产。

劳动与技术学科的知识目标:能掌握基本工具和材料的使用方法,学会设计与制作。

（二）能力目标

了解我国服饰文化的相关历史,能针对不恰当的服饰搭配合理提出自己的意见和建议,能根据场合自行选择合适的服饰。

二、高阶认知

本项目通过信息检索、服饰搭配与设计等活动,激发学生的想象力,培养学生的动手实践能力和生活决策能力。

三、学习素养

审美性实践学习素养:了解服饰背后的文化,体会服饰的设计美和搭配美。

探究性实践学习素养:查阅资料,了解我国的服饰文化,探究不同场合下适宜的服饰搭配。

社会性实践学习素养:通过合作探究及与美术专业教师交流,学会根据场合选择合适的服饰。

 问题设计

一、本质问题

场合与服饰的关系是什么?

二、驱动性问题

学校每学期最有特色的"无课本日"活动就要开始了,小朋友们都带着自己爱吃的零食,穿上自己喜欢的衣服,开开心心地来到学校。校园里到处都是穿着汉服、运动服的小朋友,还有些小朋友模仿漫画中的人物,非常有趣! 这一天,"无课本日"活动还与学校体育节相结合,学生在趣味运动会上进行接力跑、跳绳、投掷沙包等比赛,感受运动带来的乐趣! 让我们一起来到操场看看他们在干什么,感受一下他们的快乐吧!

"无课本日"活动包括很多的活动,是穿着一身衣服参加完所有活动,还是需要根据场合选择不同的服饰呢? 假如你是这次活动的服饰设计师,你将为参加活动的小朋友提供什么样的服饰搭配建议呢?

三、子问题分解

子问题1:生活中有哪些常见的场合?

该问题主要引导学生探究场合的意思,让学生试着寻找和发现生活中经常

会遇到的场合。

子问题 2：不同场合的服饰特点是什么？

在子问题 1 的基础上，针对学生讨论总结出的几种常见的场合，划分小组，请学生自行搜索资料，讨论并交流不同场合的服饰特点。

子问题 3：不同色彩及款式的服饰有哪些搭配规则？

聘请专业教师向学生普及色彩、图案搭配和设计的知识，引导学生探讨不同场合下的搭配规则，并制作服饰搭配手册。

项目采用分层分组的方式实施。教师、相关专家为项目实施提供必要的指导和支持。学生内部层层分工，责任落实到位，通过合作探究学习开展小队活动，推动项目顺利实施。

📖 项目实施

一、项目启动概览

课程伊始，学生观看了学校特殊活动日——"无课本日"的一段视频。视频中，学生正在操场上进行着多样的运动比赛，有接力跑、跳绳、投掷沙包等体育项目。这时候忽然传来一阵哭声，随着镜头的推进，可以发现一位女生在操场旁边哭泣，她的膝盖蹭破皮了，很明显，她摔了一跤。教师要求学生思考"这位女生为什么会摔倒"。通过观看视频和剖析细节，学生锁定了女生的穿着。视频中，这位女生身穿美丽的汉服。学生指出，这位女生身穿汉服参加跳绳比赛，过长的裙子和宽阔的袖子很容易被绳子缠住，进而摔倒。虽然找到了原因，但这并不意味着探究结束了，教师引导学生进一步思考生活中还有哪些因服饰搭配不当而发生的事故以及自己能做些什么。

本项目参与总人数为 20 人，二年级每个班级都有两名学生参加项目化学习。从学生之间的熟悉程度和任务安排的角度考虑，我们将学生 5 人分成一组，方便后期的任务分配和协调。在整个项目化学习的过程中，小组成员原则上不发生改变。我们会通过不同课时的任务协作来培养学生的小组合作能力。

考虑到多数小学生对自己每天穿的服饰以及服饰搭配有自己的想法但没有决定权,对不同场合下适宜的服饰搭配概念模糊,我们把"在不同场合下如何选择恰当的服饰"作为驱动性问题。基于驱动性问题,我们提出了 3 个子问题,分别对应不同的课程。小学生在生活中会遇到的场合并不繁杂,想要引导学生正确地选择并搭配服饰,我们需要先了解并归纳出学生在生活中常见的场合。于是,我们把子问题 1 设定为"生活中有哪些常见的场合"。接着,我们从不同的场合入手,引导学生去探寻不同场合的文化、历史和社会意义,并引出子问题 2"不同场合的服饰特点是什么"。综合考虑本项目化学习对学生的意义——希望学生能为自己和同伴的服饰搭配提供指导性建议,我们把子问题 3 设定为"不同色彩及款式的服饰有哪些搭配规则"。

二、知识与能力建构

子问题 1:生活中有哪些常见的场合?

主要任务:探讨小学生在生活中常见的场合。

子问题 1 对应第 2 课时①的学习。学生从"无课本日"活动出发,通过查询和搜索了解场合的含义,即一定的时间、地点和情况。随后,教师请学生说一说自己在生活中会遇到的场合。教师适时将这些场合板书在黑板上。接着,教师针对学生提出的各种场合,总结提炼出一些对服饰搭配有特殊要求的场合,如运动会、春节拜年、民族大联欢、婚礼。每个小组认领一个场合,在课后了解该场合的特点、历史、对服饰的要求等内容。学生可以通过询问家长、查询和搜索等方式展开探究,并在下一节课进行分享。

在讨论过程中,学生经常会出现对场合这一概念理解不准确、难以列举出生活中相关场合的现象。针对这样的情况,教师先让学生借助词典来理解"场合"一词的意思,再通过举例讲解,为学生厘清场合的概念。随后,教师在黑板上以思维导图的方式将学生的答案记录下来,并让学生根据黑板上不同场合的提示,

---

① 第 1 课时为学习准备,第 10 课时为学习展示,不再详细说明。

挑选出对服饰搭配有特殊要求的场合。学生在挑选的时候可能会没有头绪,教师可以运用一些典型的图片为学生提供资源支架,让学生清晰地感悟到不同场合各自鲜明的特点及其适宜搭配的服饰。通过对子问题 1 的学习,学生深入理解了场合的概念,初步感知了不同场合下服饰的不同,为后续的学习、探究打下了坚实的基础。在此基础上,教师分配小组任务。

子问题 2:不同场合的服饰特点是什么?

主要任务:探究不同场合背后的历史、风俗,了解其对服饰搭配的特殊要求。

子问题 2 对应第 3 至第 6 课时的学习。学生整理自己通过采访、查询和搜索得到的资料,并将其制作成简易的幻灯片。每个小组对自己所负责的场合进行展示和讲解。

任务 1:了解运动场合的服饰与礼仪。

运动场合是学生生活中常见的一种场合。运动场合可以分为不同的种类,如运动会、体育课、登山等。本次活动主要由第一小组为大家分享运动场合的特点以及运动服饰特征。组长使用组内合作制成的幻灯片向大家讲解并分享小组的研究成果。学生通过互相交流,进一步了解了运动服饰的搭配要素和注意事项,学会了欣赏运动服饰,并进行简单的评论和搭配。随后,师生通过交流,深入感受运动服饰的魅力。在学习过程中,学生兴趣浓厚,积极参与课堂活动和交流。学生在交流中有惊喜,学会了自己之前不知道的知识,高效地完成了任务,学习目标达成度高。

幻灯片有助于学生厘清思路。引导学生自行查找资料,整理归纳自己查找的资料,将其以更加规范的方式呈现出来(如制作幻灯片)也是对学生的一种锻炼。当然,考虑到让二年级学生自行制作幻灯片有一定难度,所以,在学生收集资料的基础上,家长需要协助孩子完成幻灯片的制作。在课堂上由学生呈现相关内容,可以更好地锻炼学生的逻辑思维能力和语言表达能力。

在任务 1 的学习中,学生制作的幻灯片属于阶段性成果,学生在制作幻灯片时,也会加深对运动场合的理解。通过课堂上的交流分享,学生对该场合下适宜的服饰搭配有了深入的理解。

任务 2：了解春节拜年场合的服饰与礼仪。

在前期学习的基础上，通过交流，学生进一步了解了春节拜年场合的历史文化要素、服饰特点、搭配要素和注意事项，学会对春节拜年的服饰进行简单的选择和搭配。本次活动主要由第二小组为大家分享自己的探究结果。组长先引入了一个与"年"有关的传说：相传中国古时候有一种叫"年"的怪兽，每逢新旧岁之交就会出来伤害人畜。人们只能把肉食放在门口，然后关上大门，躲在家里，直到初一早上，人们开门见了面，作揖道喜，互相祝贺未被年兽吃掉！后来，拜年就成为中国民间的一种传统习俗，是人们辞旧迎新、相互表达美好祝愿的一种方式。说到新年，你们过年时和爸爸妈妈做什么呢？（放鞭炮、贴春联、穿新衣、领压岁钱……）接着，教师引导大家分享："老师小时候特别喜欢过年，因为到了新年的时候，可以买新衣服穿。过年穿新衣，预示着新的一年焕然一新。中国人非常喜欢红色，红色代表红红火火，吉祥如意。过年的时候，大家家里会有哪些红色的东西？（板书提示：红灯笼、红对联、红包、红鞭炮、红衣服……）大年初一，孩子们穿上大红色的衣服，戴上大红色的帽子，可爱又喜庆！"在分享和交流中，学生通过图片感受春节的节日气氛，体会春节拜年服饰的特点。教师随机补充介绍春节拜年服饰的特点。

在这一阶段，学生的学习重点在于理解春节这一传统节日对中国人的重要意义，以及在中国传统文化中春节拜年服饰的特点。组长通过讲解"年"的故事，带领大家探究春节对中国人的重要意义。春节传统故事的引入，有助于加深学生对春节这一传统节日由来的理解。教师在讲解的时候通过图片、视频等为学生创设了类似的情境，通过情境型支架为学生搭建了现代与传统神话之间的桥梁，帮助学生更深刻地理解春节以及春节拜年服饰在中国传统文化中的地位和作用。在这节课的学习中，学生还回忆了自己在春节拜年时穿过的服饰。

在任务 2 的学习中，学生制作的幻灯片属于阶段性成果，学生在制作幻灯片时也会加深对春节拜年场合的理解。通过课堂上的交流分享，学生对该场合下适宜的服饰搭配有了更深入的理解。

任务 3:了解民族大联欢场合的服饰与礼仪。

这一部分重点剖析不同场合的服饰穿搭特点,开展民族服饰穿搭交流。教师对上节课服饰搭配的重要性进行了概括性讲解,将学生的思绪带入这节课中。教师引出民族大联欢话题,让负责本场合的第三组组长代表组员上台分享小组的研究成果,与大家进行初步交流。组长展示了民族服饰的图片,介绍了民族服饰搭配的特点。教师引导学生观察和交流民族服饰的特点,并对学生的讨论结果进行总结提升。师生通过交流,进一步感受到民族服饰的魅力。

在这一阶段,学生的学习重点在于理解我国不同少数民族服饰的差异。由于我国少数民族较多,教师选取了几个较有代表性的少数民族引入教学中。学生在生活中或多或少接触过这些少数民族。教师从学生熟悉的知识入手,有助于激发学生的学习兴趣。

在任务 3 的学习中,学生制作的幻灯片属于阶段性成果,学生在制作幻灯片时也会加深对民族大联欢场合的理解。通过课堂上的交流分享,学生对该场合下适宜的服饰搭配有了深入的理解。

任务 4:了解婚礼场合的服饰与礼仪。

这一部分重在引导学生了解不同国家、民族的婚俗文化,观察、讨论不同民族婚礼服饰的特点,拓宽学生的视野,丰富学生的知识,激发学生的探究兴趣。第四小组的讲解员先出示了婚礼场景的图片,让大家猜一猜这是什么场景,随后出示了中式、西式婚礼的照片,激发学生的学习兴趣。讲解员还介绍了婚纱的由来,借助视频讲解了瑶族、苗族、侗族等少数民族的婚俗并介绍了其婚服。学生一起讨论了少数民族婚服的特点,进一步感受我国民族文化的魅力。教师对上节课服饰搭配的重要性进行了概括性讲解,将学生的思绪带入这节课中。

教师在教学中运用了视频、图片等情境型支架,为学生展示了不同民族各具特色的服饰,学生在欣赏图片的过程中初步了解了不同民族婚礼服饰的特点。随后,教师提供了不同种类的学习资源,包括网络链接、图片等,为学生搭建了资源支架。第四小组的学生根据自己对民族服饰的兴趣点进行思考、讨论和网络搜索,设计了幻灯片中的一些画面以及相关的思维导图。在此基础上,全班进行交流。交流主要以小组合作的方式进行。最后的展示也可以帮助各小组相互学习,取长补短。

在任务4的学习中,学生制作的幻灯片属于阶段性成果,学生在制作幻灯片时也会加深对婚礼场合的理解。通过课堂上的交流分享,学生对该场合下适宜的服饰搭配有了深入的理解。

子问题3:不同色彩及款式的服饰有哪些搭配规则?

主要任务:学习基本的色彩以及线条的构成,能针对不同场合选择和搭配适宜的服饰,并制作一份服饰搭配手册。

子问题3对应第7至第9课时的学习。通过之前的小组合作以及班级内的分享交流,学生对自己生活中常见的四种场合有了大致的了解,并对其对应的服饰穿搭特点有了基本的认识。为了进一步提升学生的审美水平,教师带领学生探究不同颜色、线条的特点,以及颜色和图案的搭配。教师希望引导学生根据场合选择符合漂亮、美观、得体、大方等审美要求的服饰,并进行恰当的搭配。在第9课时的学习中,学生要根据自己前几次探究学习的成果,独立制作一份服饰搭配手册。学生制作的服饰搭配手册以自己所在小组负责的场合为主。

在这一阶段,学生在辨别冷暖色、搭配不同饱和度的色彩、判断线条的种类和疏密等方面存在困难。因为该环节的探究对学生个人审美有一定的要求,教师在指导时提供了图片、视频等资源支架,简单讲解后,让学生将理论应用于实践。学生自己试着在纸上选择合适的色彩进行搭配,并自行绘制线条,形成图案。最后,学生分享自己的实践成果。

在制作服饰搭配手册时,教师指导学生要做到图文并茂,既要有语言描述,又要加上一些图片。教师为学生提供了平板电脑等网络搜索工具,让学生自己寻找美观、漂亮的服饰,在服饰搭配手册中融入自己的设计、剪贴或者绘画作品。

学生制作的服饰搭配手册属于阶段性成果。师生在课堂上交流展示相关成果,并将其张贴到校园的不同角落,供更多的学生学习借鉴。由此,该项目化学习的成果辐射至全校师生。

🔔 项目成果

一、个人成果

（一）运动场合的服饰搭配手册

运动服饰对学生来说并不陌生，学生在很多场合都需要穿运动服。学生根据自己的探究结果，制作了运动场合的服饰搭配手册，更好地帮助同伴从审美和舒适的角度选择适宜的运动服饰。

（二）春节拜年场合的服饰搭配手册

学生结合自己对拜年服饰的理解和春节的节日特点，利用掌握的条纹、花纹、线条等方面的美术知识，设计旗袍图案（见图 2）并制作服饰搭配手册。

图 2　学生设计的旗袍图案

（三）民族大联欢场合的服饰搭配手册

在充分理解我国不同少数民族的服饰特点后，学生自主进行选择与搭配，制作服饰搭配手册，供大家学习。

（四）婚礼场合的服饰搭配手册

学生年龄较小，参加婚礼的机会并不多，这方面的知识比较薄弱。在图片和视频的辅助下，教师带领学生更好地了解我国传统的婚礼习俗，分析不同民族婚礼的特色，激发学生的探究热情和对传统文化的喜爱之情，最后，引导学生制作婚礼场合的服饰搭配手册。

二、团队成果

(一) 服饰搭配手册成果展示

服饰与礼仪项目组的团队成果(见图 3)呈现在学校大厅的展示面板上,不仅美化了校园,激发了参与项目化学习的学生超越自我的斗志,还影响了其他学生,让他们对项目化学习产生了浓厚的兴趣和探究的欲望。

图 3 服饰与礼仪项目组的团队成果

(二) 服装秀

为了扩大项目组成果的辐射范围,使全校师生受益,除了服饰搭配手册,项目组还设计了一场别开生面的时装秀来展示成果。这都有助于学生学会根据场合选择和搭配服饰。

🔆 项目评价与反思

一、项目评价

学生的成果均以公开的方式在校园内和学校公众号上进行展示交流。学校对学生成果的评价比较多元多层,学生的个人成果评价和团队成果评价均分为三个层次:一是组内交流展示,在学生自评、同伴互评、教师评价并形成评价意见后由学生进行成果的修订与完善;二是在校内,结合学生讲坛,在全校进行公开展示与汇报,先由全校师生投票点赞,再将成果通过学校微信公众号推送给家长和社会,接收来自校外的反馈;三是由学校项目化学习领导小组评价整个项目化学习的情况,形成反馈意见,并进一步优化项目设计与实施。

（一）个人成果评价

表 2　个人成果评价表 1

学生自评表	
1. 了解生活中的不同场合	☆☆☆☆☆
2. 知道运动场合的服饰特点	☆☆☆☆☆
3. 可以自行搭配美观的运动服	☆☆☆☆☆
4. 知道春节拜年场合的服饰特点	☆☆☆☆☆
5. 可以自行搭配美观的传统服饰	☆☆☆☆☆
6. 知道 1 至 2 个民族的服饰特点	☆☆☆☆☆
7. 可以自行搭配所知道的民族服饰	☆☆☆☆☆
8. 知道婚礼场合的服饰特点	☆☆☆☆☆
9. 可以自行搭配美观的礼服	☆☆☆☆☆

注:涂☆评价,其中,优秀涂 5 颗☆,良好涂 3 至 4 颗☆,一般涂 1 至 2 颗☆。

表 3　个人成果评价表 2

同伴互评表	
1. 同伴在讨论时能积极发言	☆☆☆☆☆
2. 同伴能认真倾听他人的发言	☆☆☆☆☆
3. 同伴的服饰搭配手册有吸引力	☆☆☆☆☆
4. 在遇到困难时,同伴能提供帮助	☆☆☆☆☆

注:涂☆评价,其中,优秀涂 5 颗☆,良好涂 3 至 4 颗☆,一般涂 1 至 2 颗☆。

（二）团队成果评价

表 4　团队成果评价表

评价内容	学生自评	教师评价
1. 能掌握服饰搭配相关背景知识,具有一定的敏感度	☆ ☆ ☆ ☆ ☆	☆ ☆ ☆ ☆ ☆
2. 最终的团队成果呈现了多种观点	☆ ☆ ☆ ☆ ☆	☆ ☆ ☆ ☆ ☆
3. 最终的团队成果包含了所有必要的观点	☆ ☆ ☆ ☆ ☆	☆ ☆ ☆ ☆ ☆
4. 最终的团队成果经过了良好的设计	☆ ☆ ☆ ☆ ☆	☆ ☆ ☆ ☆ ☆
5. 作品展示能让参观者体验到多元的视角	☆ ☆ ☆ ☆ ☆	☆ ☆ ☆ ☆ ☆
6. 作品展示可以吸引更多人关注这一项目	☆ ☆ ☆ ☆ ☆	☆ ☆ ☆ ☆ ☆
7. 作品展示的总体成效良好,令人印象深刻	☆ ☆ ☆ ☆ ☆	☆ ☆ ☆ ☆ ☆

注:涂☆评价,其中,优秀涂 5 颗☆,良好涂 3 至 4 颗☆,一般涂 1 至 2 颗☆。

除了指导教师对该项目化学习进行评价,学校也会对该项目的实施情况进行整体评价。

二、项目反思

本次项目化学习活动融合了语文、美术、道德与法治等学科的知识,充分调动了学生的积极性、自主性和创造性,真正做到了将课堂让给学生,将舞台交给学生。

（一）经验与成效

1. 将项目化学习融入学校课程结构

项目化学习不同于学校的常规课程,学校在引入项目化学习的过程中需要不断地在原有的创造教育基础上与项目化学习进行融合,实现艺术与学科的融合。本项目组的项目化学习是在常态下实施的,主要利用课后看护时间进行。按照学校现有的课程制度,本子项目组对课程时间的安排是每周 1 次,每次 1 课时。这样的课时安排便于学校管理操作,但限制了学生持续深入地探索。

2. 在迭代设计中深化项目化学习

本项目组的项目化学习一共进行了两个学期,第二学期在第一学期设计方案的基础上有所调整。一是增加了课时。第一学期的项目化学习只有 5 个课时,在学习结束后,我们发现,由于课时严重不足,学生在理解驱动性问题环节和最后的成果展示环节都没有达到理想的效果。在第二学期,我们增加了项目化学习的课时,并根据不同的子问题,设计了更加丰富的活动。二是调整了整个探究性实践的脉络。在项目化学习中,我们引导学生持续不断地围绕驱动性问题进行思考。尽管学生采用的形式和使用的方法不尽相同,但驱动性问题及其背后的本质问题就像一盏明灯、一条绳索,牵引着大家前进,不断深入,渐入佳境。在原来的设计中,我们的主导者是教师,学生在入项(指初步接触项目的阶段)学习中并没有深入理解本项目的驱动性问题。在第二学期的课程设计过程中,我们将课堂完全交给学生,由学生根据情境对驱动性问题进行探讨。

3. 完善项目化学习评价量规的设计

在项目化学习中,评价与成果的产生、公开的成果汇报紧密相连,所以,项目化学习应对学生学习实践的整个过程进行评价。在第一学期,我们在项目化学习的教学实践中缺乏对学习过程和学习成果的评价。在新一轮的讨论与设计中,我们提出了两种评价需求:一是开发针对学生学习过程的评价量表,旨在了解学生在每节课中学习和讨论的收获;二是开展针对学生个人和团队的成果评价,旨在考查学生完成项目化学习后的收获。

(二) 问题分析与改进措施

1. 问题分析

一是项目实施教师队伍的力量有待加强。本项目组的子项目课题是"衣被天下——小小服饰设计师",针对这一课题,我们设计了有关服饰款式选择和色彩、线条、图案搭配的驱动性问题,但在服饰文化方面,学校的专业教师人数较少,很多教师对美术和艺术设计等知识的理解不够深入。教师队伍的力量略显薄弱。

二是课程的专业性和科学性有待提高。学校的课程没有经过专门研发团队的设计。就专业性较强的项目化学习而言，专业知识至关重要。在后续的项目化学习过程中，我们会持续关注课程的专业性和科学性。

三是跨学科项目化学习的学科融合度不够。本项目组的项目化学习属于跨学科项目化学习，但在学科融合方面力度不够，忽视了学科之间的整合。一些教师在教学实践过程中较多关注本学科的知识特点和结构，忽视学科融合。教师在处理学科核心知识传授与核心素养培育的关系时思路不够开阔，需要继续反思和实践。

2. 改进措施

一是打造专业的教师队伍，引入美术和艺术设计等方面的优秀教师。必要时可以聘请社会上从事美术和艺术设计工作的专业人士来校指导教学。考虑到本项目的可持续发展，建议聘请社会上从事美术和艺术设计工作的专业人士到校对教师进行培训，再由相关教师对学生进行授课。

二是提供专业支持。本项目组初次接触项目化学习这一理念时，对其认识不够深刻，在教学实践中遇到了很多困难。在项目推进过程中，学校组织教师参加项目化学习的相关讲座，为教师提供专业的理论指导。但寥寥几次讲座是远远不够的，教师在项目化的设计、实践、评价环节仍会出现很多具体的问题和困难，建议学校配备或培养了解项目化学习相关理论且实践能力较强的教师，为大家解决难题和提供建议，提高教师参与的积极性。

三是跨学科项目化学习要注重整合。不同的学科不是简单地围绕一个主题排列，更不是杂乱地堆在一起。要通过问题、概念和成果把不同学科联系在一起，让学生对正在学习的主题形成更加深入的理解。项目组在设计时应充分考虑各个学科的关键概念和知识内容，形成知识网络，并始终围绕核心知识展开设计。

子项目 2　鱼米之乡——小小营养师

✳ 思维导图

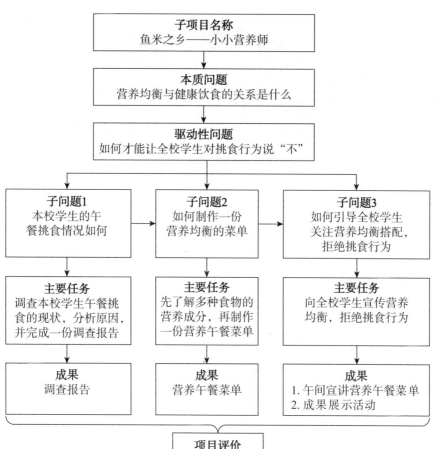

🛡 项目简介

"鱼米之乡——小小营养师"项目基于学校前期研发的"娃娃看松江"系列课程中的"鱼米之乡"课程进行项目化学习设计。本项目重点关注饮食文化,挖掘松江美食文化资源,以爱国主义为核心,有序地进行中华优秀传统文化教育。

图 1　营养搭配

本项目旨在通过丰富多彩的教学活动,帮助学生养成良好的饮食习惯,让学生认识到食物营养均衡搭配的重要价值,增强学生对粮食生产者和劳动者的感恩之心,同时引导学生了解和感受松江本土丰富多彩的美食文化。"鱼米之乡——小小营养师"项目简介见表1。

表 1　"鱼米之乡——小小营养师"项目简介

项目名称:鱼米之乡——小小营养师	项目时长:12课时
相关学科:语文、数学、美术、道德与法治	学段:一年级
教材和相关资料:由授课教师准备和编制相关教学资料	
项目实施者:闫立敏、钱春霞、陆艳、姚筠婷、刘颖、金兰	
所需资源 { 设备:笔记本电脑、照相机、录音笔、文印设备　材料:版画相关材料	

(◦) 项目目标

一、知识与能力目标

根据义务教育课程标准(2022 年版),选取一年级学段,确定各学科中对应的学习目标。

（一）知识目标

语文学科的知识目标:能认真聆听他人讲话,努力了解他人讲话的主要内容;能就感兴趣的内容提出问题,结合其他学科的知识和生活经验交流讨论,尝试提出自己的看法;积极参加讨论,敢于发表自己的意见;与他人交谈时,自然大方且有礼貌;用图文等方式整理、表达自己在生活中的见闻和想法。

数学学科的知识目标:能认识条形统计图,会用条形统计图合理表示和分析数据;通过对数据的简单分析,理解数据蕴含的信息,体会运用数据进行表达与交流的益处;能在简单的实际情境中,合理应用统计图表,形成初步的数据意识和应用意识。

美术学科的知识目标:能利用不同的工具、材料和媒介,按照自己的想法进行表达;学会从外观和使用功能等方面了解物品的特点,能对物品进行装饰和美化,初步形成设计意识。

道德与法治学科的知识目标:能养成良好的饮食习惯。

（二）能力目标

提高收集信息、采集数据、采访调查、口语交际和书面表达等方面的能力。

二、高阶认知

本项目重在培养学生的问题解决能力。学生要在小组合作的过程中,共同调查本校学生的挑食现状,分析原因,通过制作营养午餐菜单深入理解营养均衡搭配的重要性,进而采用多种方式引导全校学生关注营养均衡搭配,拒绝挑食。

三、学习素养

探究性实践学习素养:查阅整理资料,了解食物富含的多种营养成分,知晓营养均衡搭配的科学原理。

调控性实践学习素养:有计划地完成检索,交流项目实施情况,不断调整、修正思路,完成本校学生挑食现状的调查报告和营养午餐菜单。

社会性实践学习素养:通过合作探究和交流,完成营养午餐菜单的宣传推广,引导全校学生拒绝挑食行为,共同感受营养均衡搭配的健康饮食文化。

 问题设计

一、本质问题

营养均衡与健康饮食的关系是什么?

二、驱动性问题

学校开展了"光盘行动"活动,但很多班级的倒饭桶里仍有很多剩菜剩饭。值得进一步关注的是,鸡米花这类油炸食物的浪费较少,但水煮虾这类口味较为清淡的食物浪费较多。小学生普遍缺乏营养均衡搭配方面的知识,吃饭时常常根据口味来挑选食物,而学校的营养午餐除了要考虑学生的口味,更要关注营养均衡搭配。为了避免挑食和浪费的现象,让"光盘行动"深入到每个班级,你作为学校的小主人,如何才能让全校学生对挑食行为说"不"?

三、子问题分解

为了便于学生顺利、深入地进行项目化学习,我们将驱动性问题"如何才能让全校学生对挑食行为说'不'"分解为3个子问题。

子问题1:本校学生的午餐挑食情况如何?

学生先要对本校学生的午餐挑食情况进行调查,再完成一份调查报告。

子问题 2：如何制作一份营养均衡的菜单？

学生可以先了解各种食物的营养成分，再设计一份营养均衡的菜单。

子问题 3：如何引导全校学生关注营养均衡搭配，拒绝挑食行为？

学生可以在午间宣讲营养午餐菜单，并组织成果展示活动，吸引更多的人关注营养均衡搭配，拒绝挑食行为。

📖 项目实施

一、项目启动概览

课程伊始，学生一起讨论教师带来的零食，选出自己最爱的零食并说一说自己喜欢它的原因。我们在交流中发现，很多学生会因为口感、包装、颜色等爱上某款零食。一些学生提到自己的家长并不喜欢这些零食。学生进一步交流了为什么家长不让自己吃这些零食。多数学生明白，家长不仅关注食物的味道和样子，还关注它们的营养价值，担心孩子吃的食物没有营养、不健康。

接着，学生观看了一段视频，视频里展示了本校学生午间就餐的片段。一些学生大口吃着喜爱的食物，对不喜欢的食物却置之不理，渐渐地，班级倒饭桶里出现了很多剩菜剩饭。学生认真思考并交流"为什么会有这么多的剩菜剩饭"这一问题，得出了很多结论。其中一个原因就是很多学生都存在严重的挑食行为。那么，我们该如何解决很多学生的挑食问题呢？学校的营养午餐除了要考虑学生的口味，更要关注营养均衡搭配，就容易出现部分学生不爱吃的食物。由此，我们把"如何才能让全校学生对挑食行为说'不'"设定为本项目化学习的驱动性问题。

教师根据驱动性问题组织学生进行分组活动。一年级每班总人数在 30 人左右，每班都有 2 至 3 名学生参与项目化学习。建议把学生 4 至 6 人分成一组，方便后期的任务分配和协调。在整个项目化学习的过程中，小组成员原则上不发生改变。我们会通过不同课时的任务协作来培养学生的小组合作能力。

围绕驱动性问题，教师进一步提出了 3 个子问题，并且对应了后续的课时安排。为了更全面、具体地了解本校学生的挑食情况,教师把子问题 1 设定为"本校学生的午餐挑食情况如何"。学生先要对本校学生的午餐挑食情况进行调查,再完成一份调查报告。接着,学生需要进一步了解何为营养健康的饮食。教师设定了子问题 2"如何制作一份营养均衡的菜单"。最后,为了让全校学生都能关注营养均衡搭配,进而对挑食行为说"不",教师设定了子问题 3"如何引导全校学生关注营养均衡搭配,拒绝挑食行为"。

二、知识与能力建构

子问题 1:本校学生的午餐挑食情况如何?

主要任务:调查本校学生午餐挑食的现状,分析原因,并完成一份调查报告。

子问题 1 对应第 1 至第 4 课时的学习。经过入项活动,学生领取了小组任务,明确了小组成员在调查任务中的分工,并且初步进行了问卷调查。而通过这一阶段的探索学习,学生要完成一份反映班级午餐浪费和挑食情况的调查报告。

其一,学生需要认识条形统计图,了解条形统计图的绘制过程。教师创设了"数学美食天地"这一情境,让学生通过投票表决的方式,了解同伴不喜欢的食物,现场生成一张"学生不喜欢的食物"条形统计表。接着,教师播放了一段将条形统计表变成条形统计图的操作视频,适时地进行解释和说明。学生模仿该视频,将课堂上生成的条形统计表绘制成条形统计图,彼此交流心得和收获。

其二,学生需要运用条形统计图,梳理同伴的挑食情况。学生以小组为单位,讨论彼此绘制的本班挑食情况条形统计图,着重比较不同班级学生挑食的严重程度、主要挑食的菜品。接着,学生开展集体讨论,小组代表展示本组绘制的学生挑食菜品统计图,清楚地介绍班级挑食人数情况,以及主要挑食哪些菜品。

其三,学生需要根据调查结果形成调查报告,分析班级学生的挑食情况。学生以小组为单位开展交流活动,一起讨论同伴午餐挑食的原因,以及自己对挑食行为的态度。教师请学生根据交流结果,改进自己绘制的条形统计图,并形成一份调查报告,将同伴午餐挑食的原因、自己对挑食行为的态度呈现在调查报告中。

子问题 2:如何制作一份营养均衡的菜单?

主要任务:先了解多种食物的营养成分,再制作一份营养午餐菜单。

子问题 2 对应第 5 至第 7 课时的学习。在上一阶段,学生完成了班级挑食情况的调查报告,对挑食行为有了较为深刻的认识,接下来就需要进一步了解营养均衡搭配方面的内容,努力制作一份营养午餐菜单。

第一,学生要知晓营养均衡搭配的原则,了解食物的营养价值。学生以小组为单位展开讨论,思考并交流"我们为什么不应该挑食"。各小组代表汇报本组交流结果,教师借机小结:不同食物具有不同的营养价值,挑食会使我们从食物中获取的营养成分不够均衡。学生交流后,又观看了一段有关食物营养成分的视频介绍,进一步认识各种营养成分及其价值,理解营养均衡搭配的重要性。

第二,学生要制作一份营养午餐菜单。学生以小组为单位,尝试研制一份营养午餐菜单,并在组内交流如此设计的理由。教师适当参与各小组的讨论,认真倾听并提供必要的帮助。组内交流结束后,各小组选出小组代表,在全班学生面前展示和介绍本组制作的营养午餐菜单,教师点评菜单的科学之处,同时提出改进建议。

第三,学生要完善自制的营养午餐菜单,并向大家清楚地介绍其内容。项目组成员将课后自制的菜单展示在教室里,其他学生浏览并进行投票,教师需要提醒大家关注菜单设计是否营养均衡和具有吸引力。各小组推举出本组最优菜单,并向教师和其他学生介绍该菜单。教师引导学生清楚地介绍菜单,注意语言表达的流畅性和内容的完整性。结合学生的投票结果和小组推选的最优菜单,大家最终推选出三份最优菜单,提供给学校食堂。

子问题 3:如何引导全校学生关注营养均衡搭配,拒绝挑食行为?

主要任务:向全校学生宣传营养均衡,拒绝挑食行为。

子问题 3 对应第 8 至第 12 课时的学习。教师还组织了一次项目化学习成果展示活动。

通过前期的探索和学习,项目组成员对营养均衡搭配已经有了比较深入的认识。但是,其他未参加本项目学习的学生依旧不太了解营养均衡搭配的重要性,也不能拒绝挑食行为。这时,学校向项目组发出邀请,希望项目组成员能够引导全校学生践行"光盘行动"。因此,如何帮助全校学生深化相关认识并拒绝挑食行为,扩大本项目的影响力和实际效用,成为这一阶段的重要任务。

一开始,学生以小组为单位,商讨通过何种形式向大家推荐本项目组制作的营养午餐菜单。在交流讨论中,大家提出可以在展示栏张贴制作好的营养午餐菜单,可以利用午间时间去各班级宣讲营养午餐菜单,还可以借助校园广播站介绍营养午餐菜单。这些方法得到了大家的认可,学生交流后决定利用午间时间去各班级宣讲营养午餐菜单。学生认为这种方式最直接。

接着,学生交流了午间宣讲营养午餐菜单的具体方案。各小组自行讨论需要介绍哪些内容。在组内交流过程中,教师根据情况参与各小组讨论,适时地提供一些帮助。在组内交流结束后,各小组汇报本小组交流的成果。教师简单提炼大家提到的内容并将其记录在黑板上。考虑到午间宣讲时间有限,而大家提到的内容比较丰富,各小组紧接着讨论应重点介绍哪三项内容并安排介绍顺序。教师倾听各小组的讨论,并随机提问学生如此安排的理由。等各小组基本完成本轮讨论后,教师邀请各小组尝试角色扮演,安排宣讲者和听众,让学生试着说一说和评一评。每个小组选出代表,在全班学生面前试着宣讲,教师随机点评,既需要肯定好的地方,也需要指出有待改进的地方。课后,各小组优化自己的方案设计,制作一些小道具,为后面进入各班级宣讲做好准备。

最后,学生分小组承担一至二年级所有班级的午间宣讲任务,他们根据教师的安排,在规定时间内进入对应班级进行宣讲。所有的项目组教师都参与其中,帮助学生顺利进入班级,处理可能出现的突发事件。项目组成员完成宣讲任务后,一起交流了参与本次活动的感受,很多学生提到了自己的收获,有些学生指出了活动过程中有待改进的地方。有些学生提出应进一步宣传营养均衡搭配,让全校学生都能自觉践行"光盘行动"。

项目成果

一、个人成果

（一）有关班级午餐浪费和挑食情况的调查报告

项目组每名学生完成一份有关班级午餐浪费和挑食情况的调查报告,介绍本班级某个阶段的午餐浪费情况,说明本班学生挑食的严重程度和主要挑食的菜品,分析本班学生挑食的具体原因。项目组每名学生还需要运用调查报告,向本班学生汇报班级午餐浪费和挑食情况,并呼吁全班学生自觉践行"光盘行动",减少挑食、浪费行为。

（二）自制的营养午餐菜单

项目组每名学生制作一份营养午餐菜单,清楚地介绍具体的菜品搭配,并简单介绍营养午餐菜单的搭配原则,最好能做到图文并茂,具体形象且具有吸引力。具体活动流程包括:(1)项目组成员内部交流营养午餐菜单,深化大家对各种美食营养价值的认识和对营养均衡搭配的理解;(2)项目组成员在本班推荐自己的营养午餐菜单,普及营养均衡搭配方面的信息,帮助大家意识到营养午餐的合理之处;(3)项目组教师将最为合理的三份营养午餐菜单提供给学校食堂,作为建议的菜单。

二、团队成果

本轮项目化学习的团队成果就是项目组成员以小组为单位,以小小营养师的身份,向全校学生宣传营养均衡搭配的相关知识。小小营养师利用午间时间,开展了宣讲营养午餐菜单的活动。他们积极宣讲项目组设计的营养午餐菜单,并呼吁大家自觉践行"光盘行动"。

项目评价与反思

一、项目评价

学校对学生成果的评价比较多元多层,学生的个人成果评价和团队成果评价都包含三类评价主体。评价者根据具体的描述性评价标准,判断被评价者的符合程度,具体包含"非常符合""基本符合""不太符合""不符合"四个等第,其中,学生以涂星星的方式进行四级打分。这种多方参与式的评价能够更加客观地表现出学生的实际情况,从而让我们获得更加公正的评价结果。个人成果评价和团队成果评价重点关注的内容虽存在差异,但也有相似之处。

（一）个人成果评价

个人成果评价主要关注学生的作业完成情况、课堂参与情况和课后探索情况。作业完成情况的评价既要关注学生是否按时提交作业,也要关注学生的作业完成质量是否达标。课堂参与情况评价重点关注学生在课堂上的表现。课后探索情况评价重点关注学生自主探究的能力和态度。

表2　个人成果评价表1

学生自评表					
评价维度	具体评价标准	评价等级			
		非常符合	基本符合	不太符合	不符合
营养午餐菜单	1. 我能按时提交营养午餐菜单				
	2. 我能清楚地介绍具体的菜品搭配				
	3. 我能简单介绍营养午餐菜单的搭配原则				
	4. 我制作的营养午餐菜单能做到图文并茂,具体形象且具有吸引力				

（续表）

评价维度	具体评价标准	评价等级			
		非常符合	基本符合	不太符合	不符合
调查报告	5. 我能按时提交调查报告				
	6. 我能介绍班级某个阶段的午餐浪费情况，说明本班学生挑食的严重程度和主要挑食的菜品				
	7. 我能分析本班学生挑食的具体原因				
课堂参与	8. 我能按时上课，不迟到，不早退				
	9. 我能跟随教师的要求，完成教师布置的任务				
	10. 我在课堂中能感受到合作探索的乐趣，能配合小组成员进行分享、交流和展示				
	11. 我在课堂中学到了新知识或新技能				
课后探索	12. 我能自主探究教师提供的链接资源，求助家长，主动寻求网络资源等				
	13. 我能对课后探索的新资讯进行整理，并与小组成员交流和分享				

表 3 个人成果评价表 2

同伴互评表					
评价维度	具体评价标准	评价等级			
		非常符合	基本符合	不太符合	不符合
营养午餐菜单	1. 同伴能按时提交营养午餐菜单				
	2. 同伴能清楚地介绍具体的菜品搭配				
	3. 同伴能简单介绍营养午餐菜单的搭配原则				
	4. 同伴制作的营养午餐菜单能做到图文并茂，具体形象且具有吸引力				

（续表）

评价维度	具体评价标准	评价等级			
		非常符合	基本符合	不太符合	不符合
调查报告	5. 同伴能按时提交调查报告				
	6. 同伴能介绍班级某个阶段的午餐浪费情况,说明本班学生挑食的严重程度和主要挑食的菜品				
	7. 同伴能分析本班学生挑食的具体原因				
课堂参与	8. 同伴能按时上课,不迟到,不早退				
	9. 同伴能跟随教师的要求,完成教师布置的任务				
	10. 同伴在小组合作中积极表达自己的看法,认真倾听大家的想法				
	11. 同伴积极参与课堂展示,运用了学习的新知识或新技能				
课后探索	12. 同伴能探究教师提供的链接资源,并整理出有价值的信息				
	13. 同伴在课后能与小组成员交流和分享探索获得的新资讯				

表4　个人成果评价表3

教师评价表					
评价维度	具体评价标准	评价等级			
		非常符合	基本符合	不太符合	不符合
营养午餐菜单	1. 学生能按时提交营养午餐菜单				
	2. 学生能清楚地介绍具体的菜品搭配				
	3. 学生能简单介绍营养午餐菜单的搭配原则				
	4. 学生制作的营养午餐菜单能做到图文并茂,具体形象且具有吸引力				

（续表）

评价维度	具体评价标准	评价等级			
		非常符合	基本符合	不太符合	不符合
调查报告	5.学生能按时提交调查报告				
	6.学生能介绍班级某个阶段的午餐浪费情况,说明本班学生挑食的严重程度和主要挑食的菜品				
	7.学生能分析本班学生挑食的具体原因				
课堂参与	8.学生能按时上课,不迟到,不早退				
	9.学生能跟随教师的要求,完成教师布置的任务				
	10.学生在课堂中积极参与小组合作				
	11.学生在课堂中展示了学习的新知识或新技能				
课后探索	12.学生能自主探究教师提供的链接资源,求助家长,主动寻求网络资源等				
	13.学生在课后能与小组成员交流和分享探索获得的新资讯				

（二）团队成果评价

团队成果评价主要关注两方面:一是小组完成日常课堂任务的情况;二是小组完成午间宣讲营养午餐菜单活动的情况。团队成果评价既关注小组日常表现情况,又关注小组在成果汇报时的表现情况,能够更加客观、全面地评价团队在项目化学习过程中的表现情况。团队成果评价主要包含团队自主评价、现场观众评价、项目组教师评价。评价者根据具体的描述性评价标准,判断被评价者的表现情况。

表5   团队成果评价表

团队成果评价表					
评价维度	具体评价标准	评价等级			
		非常符合	基本符合	不太符合	不符合
团队自主评价	1. 我们团队能及时完成教师布置的挑战任务				
	2. 我们团队获取了很多有趣的新信息,让大家增长了见识				
	3. 我们团队精心设计的作品既好看又有所创新				
	4. 我们团队的成员团结友爱,相互帮助				
现场观众评价	1. 这个团队的宣讲告诉我们很多信息				
	2. 这个团队的宣讲生动有趣,富有感染力				
	3. 这个团队的成员团结友爱,相互帮助				
项目组教师评价	1. 这个团队的作品符合教师布置的任务要求				
	2. 这个团队的作品内容很丰富,有一定的挑战性				
	3. 这个团队的作品非常美观,富有创新性				
	4. 这个团队的成员团结友爱,相互帮助				

二、项目反思

(一)经验与成效

一是跨学科融合度较高,能将学科特征与项目化学习有机结合。本项目在推进过程中,融合了语文、数学、美术、道德与法治学科的知识内容,以子问题解决为核心,打破学科间的壁垒。同时,教师将各学科的知识技能融入项目化学习,注重引导学生综合采用多种方式解决问题,培养学生的发散性思维和问题解决能力。例如,在解决子问题 1 时,项目组设计了 4 个课时,语文教师引导学生通过采访和观察来调查现状,数学教师引导学生使用条形统计图来分析调查数据。不同学科的教师在指导学生完成和分析调查报告时,既会融入与本学科高度相关的知识元素,也会指导学生采用多学科的方法更好地解决问题。

二是注重项目成果的多重运用。学生对本项目的知晓度较高,项目成果辐射范围较广。"鱼米之乡——小小营养师"项目化学习成果展示途径较多,包括让参与项目化学习的学生在班级内展示并介绍作业成果、借助学校微信平台让学生在更大的范围内展示小组学习成果。与此同时,教研组还将"鱼米之乡——小小营养师"项目化学习与一年级的情境化测试相结合,进一步拓展了项目化学习成果的展示渠道,扩大了项目化学习的影响力。拓展项目化学习成果的展示渠道,扩大项目化学习的影响力,这有助于更多的学生形成良好的饮食行为习惯,增强对粮食生产者和劳动者的感恩之心,了解和感受我们深厚而精彩的美食文化。

三是进行阶段分析,及时调控教学。项目的出发点是培育学生的学习素养,项目化学习作为一种能让学生充分展示个性的学习模式,能有效促进学生学习。在教学的不同环节,教师和学生都能通过作品展示、交流来评价学生的学习成效。因此,教师能及时把握学生的学习情况,学生也能知晓自己的阶段性学习成果,整个项目也基于评价结果不断调整并推进,这在一定程度上保障了项目化学习的成效。

(二)问题分析与改进措施

1. 问题分析

一是问题链设计有待进一步优化。本质问题、驱动性问题和子问题之间的逻辑关系有待进一步优化。"鱼米之乡——小小营养师"项目化学习的本质问题是"营养均衡与健康饮食的关系是什么",驱动性问题是"如何才能让全校学生对挑食行为说'不'",而 3 个子问题关注的是"挑食情况调查""营养午餐菜单制作"和"营养均衡宣传"。在项目化学习推进过程中,从"挑食情况调查"转换到"营养午餐菜单制作"非常流畅和自然。然而,当进一步推进到"营养均衡宣传"时,我们感觉到这一部分与前面课程的衔接不够顺畅,学生在运用所学内容解决问题时仍然存在比较大的困难。项目化学习的问题链设计应层层递进,让学生能通过解决一个个子问题来解决驱动性问题,而对本质问题的理解则应渗透到每个子问题的解决过程中。

二是小组合作效果有待强化。小组合作效果不佳,项目化学习方式有待改进。在项目化学习的过程中,虽然教师有意识地以小组的形式组织教学,作业设计也要求学生通过小组合作完成,但在小组合作中,学生的表现不尽如人意。一年级的学生并不知道如何根据小组任务安排个人分工,也没有交流和分享成果的意识,更缺少小组交流的技巧和包容的态度。这导致项目化学习在实际推进中存在"以教师讲授为主"的情况,违背了项目化学习鼓励学生合作探索、发现并解决问题的初衷。

三是资源利用不够充分。项目是知识学习的融合,是能力培养的融合,要想真正实现这些目标,就要充分利用多种学习资源,为学生的学习和探究服务。我们的项目化学习借助了网络资源和书本资源,但对环境资源利用较少,也没有充分利用家长资源,这也影响了本项目的深入探索。

2. 改进措施

一是优化问题链结构。项目组需要进一步分析本质问题与驱动性问题的关系,分析子问题和驱动性问题的内在逻辑关系,分析本质问题在子问题群中的落实情况。在推进本项目化学习的实践过程中,我们发现整个问题链的结构逻辑并不清晰,教学活动安排衔接不畅。因此,本项目组需要重新召集教师进行研讨,先分析项目化学习现有的问题链,然后交流衔接不畅之处,接着商议和修改问题链,最后由项目组组长将其梳理成文并分享给教师,使各位教师在授课过程中能照顾到全局。

二是指导合作学习。项目组需要为低学段学生的合作学习提供有针对性的指导,并提供切实可行的辅助性工具。项目化学习离不开小组合作,教师要帮助低学段学生学会合作与交流。为了使学生适应项目化学习的方式,解决低学段学生合作探究技能缺失的问题,教师需要在项目实施过程中更加耐心地指导学生,项目组也需要开发一些辅助合作的支架,如提供任务安排表帮助小组成员明确任务分工,在实践学习中示范成果交流与分享的方法。

三是全方位调动资源。项目组要积极调动资源,充分利用学校、家庭、社会、网络空间等资源,为学生提供更加开放的思维空间,让学生的学习与探索有更多的资源依托。项目组要将项目化学习的课堂延伸出去,让学生能够在课后时间继续探索子问题,完成整个探索任务。整个项目化学习团队的教师都应该积极提供力所能及的资源,同时调动学校、家庭、社会的资源,为学生的学习服务。

子项目3 探访老城——松江漕运为什么这么发达

✳ 思维导图

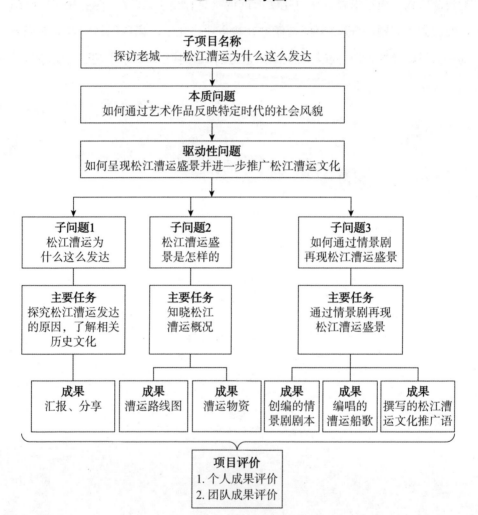

🛡 项目简介

　　"探访老城——松江漕运为什么这么发达"是围绕发达的松江漕运进行跨学科设计的项目化学习活动,旨在探寻松江漕运的历史价值和现实意义,增强学生对家乡的热爱之情和保护意识。在历史上,松江仓城一带是全国著名的漕运中心,产粮丰富,赋税甲天下。如今,随着人口的迁移和城市的变迁,松江作为漕运中心的地位发生了变化,但松江漕运的历史价值和现实意义都不容忽视。

图 1　松江仓城

　　我们如何将当时的漕运盛景再度呈现出来,进一步推广古漕运中心以便让更多人了解呢? 恰逢学校艺术节的情景剧展演活动,我们以项目化学习为依托,以"如何呈现松江漕运盛景"为关键问题,鼓励学生运用情景剧这种艺术形式来反映特定时代的社会风貌,投入学习活动。"探访老城——松江漕运为什么这么发达"项目简介见表 1。

表 1　"探访老城——松江漕运为什么这么发达"项目简介

项目名称:探访老城——松江漕运为什么这么发达	项目时长:14 课时
相关学科:音乐、语文、数学、美术、英语	学段:四年级
教材和相关资料:课件、任务单等资料	
项目实施者:许营营、张孙一、陈飘、戴欢、刘欣喆、姚思聪、王丹	

（续表）

所需资源	设备：笔记本电脑、照相机、录音笔、手机、地图
	材料：画笔、工具尺、图纸等材料
	其他资源：文物馆、图书馆等场馆资源，家长、专家、当地居民等人力资源

项目目标

一、知识与能力目标

根据义务教育课程标准（2022 年版），选取四年级学段，确定各学科中对应的学习目标。

（一）知识目标

音乐学科的知识目标：能知晓节奏和律动，即兴创编乐曲，自信积极地参与综合性艺术表演活动，并对自己和他人的表演做出评价。

语文学科的知识目标：能掌握口头交流、书面写作的方法和技巧；掌握查找资料、阅读分析资料、引用资料的基本方法。

数学学科的知识目标：能具备空间观念，知晓物体的方位及相互之间的位置关系；掌握数据收集、测算、识图和画图的方法。

美术学科的知识目标：能丰富审美体验，利用工具和材料创作美术作品，表达自己的所思所想。

英语学科的知识目标：能掌握一定的英文词汇和句式，进行口头表达和书面创作。

（二）能力目标

（1）具备音乐欣赏、表现创造、艺术审美等能力。

（2）能进行有效的沟通讨论，学会聆听并清楚地表达观点。

（3）能独立或合作完成文本书写任务。

（4）能清楚地描述物体的方位及其相互关系。

（5）了解比例尺，在具体情境中，能按一定的比例进行图上距离与实际距离的换算。

（6）能收集、整理、分析数据和资料，分析和探索解决问题的有效方法。

二、高阶认知

问题解决：富有思考力，能提出问题、分析问题并采用小组合作、访谈、调研、查阅资料等恰当的方式来解决问题。

决策：进行小组合作和团体协商，制订计划并明确展示方式。

提出创造性见解：富有创造性见解，能理解松江作为古漕运中心的重要价值，创造性地推广松江漕运文化，完成剧本及漕运歌曲的创编。

系统分析：综合考虑多种因素，分析松江漕运的历史价值和现实意义。

三、学习素养

创造性实践学习素养：在推广松江漕运文化时，进行有创造性的个人探究及团队实践。

社会性实践学习素养：围绕共同的目标，组内成员进行任务分析、合理分工、团队沟通与合作，提高学习效率。

问题设计

一、本质问题

如何通过艺术作品反映特定时代的社会风貌？

二、驱动性问题

在项目化学习前，教师带领学生了解了松江老城仓城一带独特的历史景观——老桥。在课堂学习和实地参观的基础上，学生对仓城的历史文化有了更多的了解和探索欲。在历史上，松江仓城一带是全国著名的漕运中心，产粮丰富，赋税甲天下。如今，随着人口的迁移和城市的变迁，松江作为漕运中心的地位发生了变化,但松江漕运的历史价值和现实意义都不容忽视。我们如何将当时的漕运盛景再度呈现出来,进一步推广松江漕运文化以便让更多人了解呢? 恰逢学校艺术节的情景剧展演活动,我们准备以"如何呈现松江漕运盛景并进一步推广松江漕运文化"为驱动性问题,组织一场有关松江漕运盛景的展演,让更多人了解松江漕运文化。

三、子问题分解

我们以项目化学习为依托,将"如何呈现松江漕运盛景并进一步推广松江漕运文化"这一驱动性问题分解为 3 个子问题。

子问题 1:松江漕运为什么这么发达?

主要帮助学生了解松江的独特之处,如地理位置优势、物产资源情况等,引导学生探究松江漕运发达的原因,了解松江的相关历史文化。

子问题 2:松江漕运盛景是怎样的?

要求学生知晓松江漕运概况,如漕运场景、漕运过程,具体了解漕运路线、漕运物资、漕运人力等。

子问题 3:如何通过情景剧再现松江漕运盛景?

要求学生围绕情景剧展演活动进行分工合作,达成目标,具体涉及编撰剧本、演绎角色、推广松江漕运文化等。

项目实施

一、项目启动概览

(一) 提问导入

课程伊始,学生先了解松江在历史上占据的地位,"东南雄郡四,而松居一焉",再思考松江占据如此地位的原因,与自己已有的知识经验——松江桥多、河多、物产丰富等建立联系。教师通过多媒体呈现相关图片、视频,引导学生感受松江仓城一带的历史气息。教师指出,在历史上,松江仓城一带是全国著名的漕运中心。学生就自己的思考进行小组交流,探讨对漕运内涵的理解,分析松江漕运发达的原因及其价值。

（二）引出驱动性问题

松江作为全国盛极一时的漕运中心,曾每年往京城运送大量物产。今天,漕运中心虽已转移,我们却不能忘却松江漕运曾经的地位和价值,如果能让更多人了解松江漕运的历史就更好了。恰逢学校艺术节的情景剧展演活动,让我们利用艺术创作来解决"如何呈现松江漕运盛景并进一步推广松江漕运中心"这一驱动性问题吧!

（三）操作指导

项目组成员包括 7 位来自音乐、语文、数学、美术、英语学科的教师以及 30 多名来自四年级各班的学生。在活动中,学生在教师的帮助下分解问题,并明确各子问题的学习目标和主要任务,对有价值的问题进行探究。学生通过搜集相关资料、实地考察、采访调查等,筛选出有实用价值的信息和图片。教师明确了学习活动的进程和时间点,以及提交材料的要求。

二、知识与能力建构

子问题 1:松江漕运为什么这么发达?

主要任务:探究松江漕运发达的原因,了解相关历史文化。

子问题 1 对应第 1 至第 4 课时的学习。很多学生对松江仓城一带有一定的了解,知道它是一个人杰地灵、物产丰富的地方。教师先抛出问题:"在历史上,松江仓城一带是全国著名的漕运中心,对此,你有哪些问题或了解吗?"接着请学生八人一组进行交流。学生可以在学习任务单(见表 2)上列出小组的困惑,挑选最有价值的两个问题进行组内探究。这时,学生会提出一些问题:(1)什么是漕运? (2)为什么会有漕运? (3)漕运是从什么时候开始的? (4)漕运的发展是怎样的? (5)松江漕运发达的原因是什么? (6)松江漕运有什么重要价值? 小组成员互相解答交流,教师适当引导,帮助小组确定最值得探究的两个问题。在这个过程中,学生需要运用迁移能力、团队合作能力、交流与表达能力、批判性思维等来解决问题。

表 2　学习任务单

我对松江仓城的了解	我的困惑之处

　　小组交流后,教师会在班级内公示各组的问题清单,请全班选出最值得探究的问题,如"松江漕运发达的原因是什么""松江漕运有什么重要价值"。教师鼓励学生用各种方式探究问题,如实地调查探访、网络搜索资料、查阅历史典籍等,提高学生搜集、获取、筛选信息的能力。

　　学生在课堂上通过口头汇报、图片(见图 2)、视频等方式分享自己的发现和成果。通过分享,学生得出了一些更深刻的认识:漕运在中国历史发展的长河中有着不可磨灭的重要性。它是中国封建王朝的一项重要经济举措,具有一整套组织和管理制度。它为百姓的生活带来了极大的便利,时至今日,漕运和航道依然在为人们的生产生活贡献着力量。松江仓城一带曾作为全国的漕运中心,沟通沿线多条航道,承担物资输送、文化交流等任务。关于漕运发达的原因,学生指出,松江仓城人杰地灵、物产丰富,数十条河道更是为进行漕运、沟通京杭大运河提供了便利。

(1) 张坊铭作品　　　　(2) 于任彬作品　　　　(3) 陆承泽作品

图 2　学生临摹的仓桥

子问题 2:松江漕运盛景是怎样的?

主要任务:知晓松江漕运概况。

子问题 2 对应第 5 至第 10 课时的学习,共包括两项任务。

任务 1:了解松江漕运路线,绘制漕运路线图。

激发学生的学习动机与兴趣,提高学生的学习积极性是至关重要的,这就要求教师结合学科性质、特点,采取灵活的方式导入新课,为学生创设学习情境。导入新课的方法很多,包括情景剧导入、案例导入、问题导入、故事导入、歌曲导入等,当然也可以开门见山,直奔主题。一堂好课需要教师用教学艺术把学生引入自然美妙的学习环境中。情景剧导入也可以在教师的指导下由学生自己来完成。这是一节课必要的铺垫,是一堂精品课的序曲。本节课的主要目标是了解松江漕运路线并尝试绘制漕运路线图。在课堂上,教师提供了资源型学习支架,为学生配备了平板电脑,同时发放了相关地图。

教师开门见山,询问学生知道松江区内的哪些河流,并请学生利用平板电脑搜一搜这些河流的流向和连通的地方。教师出示漕运要道——京杭大运河的地图,请学生思考松江区内的哪些河流可以汇入京杭大运河。教师引导学生了解松江漕运路线,最终聚焦松江仓城三条主要河流——古浦塘、泖河、斜塘,分析其流向,填充绘制漕运路线图,并向其他人介绍所绘制的路线图。在这个过程中,学生的自主探究、团队协作、信息搜集、表达交流等能力都得到了锻炼。除此之外,教师还布置了提高性任务,请学生尝试美化自己的地图,补充颜色或者不同区域的独特标志,如特产等,为下节课学习漕运物资做铺垫。

任务 2:了解松江漕运物资,介绍松江特产。

有了前期的预留任务,学生已经对松江漕运路线及其沿线的特产有了一定的认识。在课堂上,教师带领学生了解漕运的重要环节——收集和运送物资。

教师在课堂上借助多媒体资源呈现明清时漕运兴、仓城筑、商业盛的画面,加深学生对松江漕运地位和场面的了解。教师提供古籍、网站等必要资源,鼓励学生深入了解松江漕运的盛景。明代的松江城不仅是"赋税甲天下"的鱼米之乡,而且是"衣被天下"的全国纺织业中心,成为东南地区的一大都会。物产丰富的松江内还有河流众多的仓城。这些有利条件促使松江成为当时全国著名的漕粮中心、漕运中心,每年源源不断往京城运送大批物资。教师提供如表3所示的资源型学习支架,帮助学生通过影像、古籍、网站等资源了解古时候松江仓城一带的漕运盛景:河流上千帆竞发,浩浩荡荡,伴随着人们的欢呼声和船号声,漕船沿着航线启程了。

在自主探究、小组交流和教师课堂梳理的基础上,学生利用口头汇报、多媒体展示、创意作品(见图3)等方式介绍松江特产和漕运物资。

表3 古代漕运盛景

序号	相关资料
1	明代董其昌《西仓桥记》叹曰:"蓄风气,壮瞻视,莫此为伟。"
2	据《水育松江》一书记载,漕粮航线以华亭、青龙镇两地为起点,经吴淞江至苏州,进入江南运河至扬州,而后北上至京都。运粮船以平底木板船为主,年运入京都税粮约万吨。
3	据《永丰街道志》记载,清顺治二年(公元1645年),覆准粮长金解白粮改为官运。嘉庆元年(公元1796年),松江府漕粮运至通州,并在江淮兴武各卫帮船,每帮船设有领运千总二员,轮流押运。
4	仓城作为漕运中心,每年大量漕粮经此运往各地。每年漕运时节,歌舞三日不绝,祭祀以求一帆风顺。每日仓城一带挤满了观看盛景的人们,空前热闹。

(1) 王译霆作品 (2) 曹沐颐作品

图3 学生的创意作品

子问题 3:如何通过情景剧再现松江漕运盛景?

主要任务:通过情景剧再现松江漕运盛景。

子问题 3 对应第 11 至第 14 课时的学习,共包括三项任务。

任务 1:创编情景剧剧本。

教师带领学生研读、回顾已有的资料,总结与松江漕运相关的历史信息。这是学生接下来推广松江漕运文化的基础。恰逢学校艺术节的情景剧展演活动,我们把关于松江漕运的故事搬上荧幕,让更多人了解发达的松江漕运。学生在小组内进行头脑风暴、团队合作,交流如何创编情景剧剧本、想要展现哪些场景等,教师关注学生的表现并提供适当的帮助。小组讨论交流后,教师帮助学生确认情景剧中所需角色,进行分工协调,帮助学生分析角色特点并统筹安排所需道具。教师带领学生使用多媒体设备直观呈现松江漕运历史,使观众的印象更为深刻。教师还要对学生的表演进行指导,明确表演过程中的话语、动作和表情。当学生提出使用中英文向全世界推广松江漕运文化时,教师指导学生运用翻译软件来翻译松江漕运过程中的重要关联词汇。最终,学生通过串联之前课题里涉及的松江漕运文化的各方面内容,呈现了一场精彩的漕运情景剧。

剧本编创环节主要分为两步进行。

步骤一:教师和学生协作探究,共同梳理前面子课题的研究内容,遴选出纳入情景剧演绎的相关内容。

(1) 齐聚漕运中心——繁忙的漕运码头

仓城物资丰富,各种特产储备有余,每年向全国各地运送大批物资。明清时期的仓城码头呈现出一片热闹非凡的景象。

(2) 漕运路途中——歌舞展演

小水手摸索路线,绘制漕运路线图。按照路线图,小水手准备起航,将物资运往京城。小水手一路编唱漕运船歌,往返于京城。

(3) 松江特色,走向世界

通过漕运,漕粮物产一路北上直达京城。这一批批物产不仅得到了全国人民的肯定,还吸引了很多外国友人的目光。小水手自豪地向大家介绍松江漕运物资。

步骤二:教师根据学生的特点,围绕剧本个性化定制角色,有序串联上一步骤中遴选的内容。对于学生能独立完成的部分任务,教师安排其自主完成。对于需要合作排练才能完成的部分任务,教师可以指导学生通过互动交流来完成。

任务 2:创编漕运船歌。

在漕运过程中,我们能看到气势磅礴的航船,结合史料视频,还能听到铿锵有力的船号声。项目组刘欣喆老师带领学生聆听了众多船号声,分析了这些船号声的特点和作用。通过学习,学生知道了船歌或一些简单的船号子是简短有力且能振奋人心的。为了深度还原漕运盛景,学生决定在教师的帮助下进行船歌编唱,并将船歌融入情景剧演绎。

在教师的帮助下,学生运用前面课时中所学的内容进行歌词创编,根据漕运路线和特产来填充歌词,创编歌谣,融入节拍和号子,在漕运的过程中唱响船歌。"松江的大米香又香,松江的棉布真漂亮,松江的鲈鱼鲜又鲜,松江的人儿真善良。"动听的歌谣配合着悠扬的海浪声和有力的号子声,让学生沉醉其中。最后,学生加上动作,边唱边演,小水手的形象更加生动。整堂课有声有色,精彩纷呈。"仓城小水手"活动任务单见表 4。

表 4 "仓城小水手"活动任务单

大家对水手已经有了一定的了解,现在,请你充当一名小水手,把家乡仓城有名的特产带去京城。你需要规划好航行路线并选择一种特产!

任务一:请小水手在图片(图片略)中找一找主要河流,思考适合的漕运路线并标注出来。

(1) 主要河流:

(2) 漕运路线:
漕船西出(　　　　)塘,经斜塘入(　　　　)北上,再取道(　　　　),漕运北上。

（续表）

任务二:请小水手寻找要运送的松江特产。
松江的(　　　　)香又香, 松江的(　　　　)真漂亮, 松江的(　　　　)鲜又鲜, 松江的……

任务 3:撰写松江漕运文化推广语。

在情景剧中,小水手带着满满的货物一路北上直达京城,这些物资很快将到达全国各地。松江的物产不仅得到了全国人民的肯定,还吸引了很多外国友人的目光。小水手撰写了松江漕运文化推广语,创作了仓桥双语海报(见图 4),自信地向外国友人介绍松江优秀文化!

以下是学生撰写的松江漕运文化英文推广语。

Songjiang District has always been rich in products such as rice, perches and peaches. Songjiang District has not only been recognized by the people of the country, but also has even attracted many foreign friends to come here. From now on, the people of Songjiang District will open their doors to the world.

方梓灏作品

图 4　学生创作的仓桥双语海报

🔔 项目成果

在项目化学习活动中,我们以学生自主探究和团队合作为核心,以教师引导为辅助,让学生了解松江漕运相关历史文化,初步感知和理解松江漕运的重要性,借助团队和个人力量去推广松江漕运文化。在活动过程中,学生形成了项目化学习成果,主要分为个人成果和团队成果。

一、个人成果

在个人成果方面,学生以自己的方式呈现了解到的松江漕运相关信息,包含河流、特产、历史文化等,具体呈现方式包括多媒体展示、图画绘制、小报制作、口头汇报等。此外,学生还在教师的带领下分析河流流向及其贯穿的地方,绘制漕运路线图。学生个人初步绘制漕运路线图并向全班展示,在获得教师和同伴评价后进行自评和反思修订,完善成果。

表5   个人成果运用说明

查找京杭大运河的图片及其他资料	成果运用说明:(1)根据课上所学内容、已有经验以及自己搜集到的资料介绍松江漕运的相关情况;(2)通过阐述松江漕运的历史价值、文化积淀、地理位置、运输条件等,理解"松江漕运为什么这么发达"
了解松江的地理位置	
搜集松江漕运的资料,了解其发展历史	
实地探访松江的几大河流,了解其周边环境	
讨论松江漕运的优势	
拜访相关专家,了解松江漕运的发展过程	
绘制漕运路线图	成果运用说明:(1)根据教师的讲解和自主查阅的资料,绘制漕运路线图,展示自己独特的设计并讲述漕运路线相关故事;(2)发挥自己的空间想象能力,通过交流,体会松江漕运曾经的繁荣,增强对松江的热爱之情

（续表）

使用绘制宣传小报、制作幻灯片、撰写推广语等方法介绍松江物产	成果运用说明：了解松江漕运的发展过程，推广松江漕运文化

二、团队成果

在团队成果方面，主要是完成了漕运情景剧的展演。剧本创编、角色演绎、船歌编唱、推广语撰写等充分调动了学生小组分工与合作的积极性。情景剧为学生搭建了一个展示成果的平台，让我们充分了解了学生的思想感受、独特设计、知识理解情况、口语表达能力、个性与特长等。

表 6 团队成果运用说明

情景剧创编和演绎（剧本创编、动作演绎、船歌编唱、松江漕运文化推广）	成果运用说明：以情景剧的方式演绎所学内容，再现松江漕运盛景。在情景剧创编和演绎中，需要做到三点：(1)结合已有知识经验，团队合作创编情景剧剧本，为观众呈现松江漕运盛景，引导大家了解松江漕运；(2)丰富情景剧的内容，视听结合，融入特色内容使之出彩；(3)以松江漕运宣传大使的身份介绍松江漕运

项目评价与反思

一、项目评价

本次项目化学习以松江漕运为主题，引导学生挖掘松江漕运的前世今生，感受松江漕运过去的辉煌和繁荣，感受本土文化的魅力。在项目实施过程中，学生了解了中国古代漕运的含义和松江漕运的发展历史，知道了松江漕运连接京杭大运河的路线和意义。教师不仅关注学生知识的习得，更关注其能力的提升，尤其是问题解决能力的提升。教师引导学生在项目化学习中运用创新思维，独立思考，提高团队沟通与合作意识，增强对家乡的保护意识与热爱之情。

教师及时反馈与整理学生的各项成果,在全校范围内面向各班学生公开展示优秀成果。教师还会在各个关键环节以图文并茂的形式在学校公众号上展示学生的成果。在活动过程中,各项目组定期召开会议,对项目的进展及相关成果进行评价,以更好地完善成果。在项目的中期,我们还会邀请学校领导以及各项目组成员参与成果展示活动,聆听他们的意见和建议。此外,在项目化学习过程中,授课教师会组织学生进行多样化的评价,如学生自评、同伴互评、教师评价,关注过程性评价。以下是活动中的部分过程性评价量表。

(一) 个人成果评价

表7　个人成果评价表

评价维度	评价内容	评价		
		学生自评	同伴互评	教师评价
知识	能说出松江主要河流的名称及其走向	☆☆☆☆☆	☆☆☆☆☆	☆☆☆☆☆
	了解松江河流周边的主要特产	☆☆☆☆☆	☆☆☆☆☆	☆☆☆☆☆
	知道松江漕运是如何连接京杭大运河的	☆☆☆☆☆	☆☆☆☆☆	☆☆☆☆☆
能力	能根据教师的提示绘制河流相关地图	☆☆☆☆☆	☆☆☆☆☆	☆☆☆☆☆
	能完成漕运路线图绘制	☆☆☆☆☆	☆☆☆☆☆	☆☆☆☆☆
	能进一步创新完善自己的成果	☆☆☆☆☆	☆☆☆☆☆	☆☆☆☆☆
情感、态度	热爱松江	☆☆☆☆☆	☆☆☆☆☆	☆☆☆☆☆
	赞叹与赞美古代漕运	☆☆☆☆☆	☆☆☆☆☆	☆☆☆☆☆
	为松江漕运的繁荣感到自豪	☆☆☆☆☆	☆☆☆☆☆	☆☆☆☆☆

注:涂☆评价,其中,优秀涂5颗☆,良好涂3至4颗☆,一般涂1至2颗☆。

（二）团队成果评价

表 8　团队成果评价表

评价维度	评价内容	评价		
		学生自评	同伴互评	教师评价
知识	能说出松江主要河流的名称及其走向	☆☆☆☆☆	☆☆☆☆☆	☆☆☆☆☆
	知道松江漕运的繁荣景象	☆☆☆☆☆	☆☆☆☆☆	☆☆☆☆☆
	了解松江河流周边的主要特产	☆☆☆☆☆	☆☆☆☆☆	☆☆☆☆☆
	了解松江漕运的历史价值和现实意义	☆☆☆☆☆	☆☆☆☆☆	☆☆☆☆☆
能力	能合理分工，合作完成教师布置的任务	☆☆☆☆☆	☆☆☆☆☆	☆☆☆☆☆
	能发挥自己的想象，为情景剧增添创新性内容，如创造性文字、语言、动作	☆☆☆☆☆	☆☆☆☆☆	☆☆☆☆☆
	具有一定的舞台表演和表达能力	☆☆☆☆☆	☆☆☆☆☆	☆☆☆☆☆
情感、态度	敬佩中国古代劳动人民	☆☆☆☆☆	☆☆☆☆☆	☆☆☆☆☆
	赞叹与赞美古代漕运	☆☆☆☆☆	☆☆☆☆☆	☆☆☆☆☆
	热爱松江漕运和故乡	☆☆☆☆☆	☆☆☆☆☆	☆☆☆☆☆

注：涂☆评价，其中，优秀涂 5 颗☆，良好涂 3 至 4 颗☆，一般涂 1 至 2 颗☆。

二、项目反思

项目化学习是一种基于真实问题的探究性学习，一方面，项目活动的设计通常围绕某个问题而展开；另一方面，学生要在具体的情境中通过探究来解决实际问题。本次项目化学习以松江漕运为主题，引导学生挖掘松江漕运的前世今生，感受松江漕运过去的辉煌和繁荣，感受本土文化的魅力。学习过程大致分为发现问题、提出问题、分析问题、评价和验证、得出结论几个阶段。在此过程中，教师和学生对项目化学习有了深入的了解，明确了课题的研究方法和研究思路，为之后的学习研究奠定了基础。此外,本次项目化学习实践中也存在一些不足,可以采取一定的改进措施。

(一) 教师的项目设计能力有待提高

教师团队要非常重视项目设计,尤其是在入项阶段要带领学生做好项目实施规划,并在关键时刻给予学生支架式支持。项目化学习要与单元教学整合,基于知识与能力建构要求重构课堂教学。出项(指项目总结的阶段)成果要创新多样,使学科项目成果具有学科特点。驱动性问题要促使学生不断思辨,引导学生从模仿转向原创。教师要关注学生创造性解决问题能力的形成。

(二) 学生的主体意识有待提高

反思我们的实践,学生的表达方式仍然是单一甚至是机械的,项目化学习要为学生提供多元表达的机会。"多元表达"是指为更多的学生提供更多的可能性,而我们平时让学生表达的机会不仅少而且单一,导致很多学生"不被看见"。所以,教师要提高学生的课堂参与度,改变传统的"教师讲、学生听"的学习模式,让每名学生都实实在在地成为项目化学习的实践者。

(三) 学生的情感、态度尚未得到充分关注

在实践中,学生的情感、态度尚未得到充分关注。教师要紧扣本次项目化学习的情感目标,增强学生对松江的文化情感,引导学生热爱并发扬松江文化。在情景剧演绎中,教师要增加项目化学习的广度和深度,增强学生对家乡的热爱之情和自豪感。

三、项目改进

项目化学习中出现问题在所难免。项目组应采取有效的措施来提高师资队伍的能力与水平,保证项目设计质量及学生参与成效。

(一) 注重专项培训,提高教师的实践能力

项目组可以通过培训提高现有专业教师的项目化实践能力,鼓励教师强化操作技能,取得相关专业技术职务资格证书,获取前沿学科知识以及实践操作经验,提高实践教学能力和整体素质。项目组要鼓励教师充实项目教学资源,巧妙

运用各种教学方法，引导学生学习。如教师可以根据学生的学习情况，有针对性地提出各种问题，以启发和鼓励学生学习。在项目实施过程中，教师要指导学生学会自主学习和合作学习，不断提升其信息素养，通过各种方式获取所需的信息，并能批判性地评价信息，正确地使用信息。教师要向学生介绍反思学习的好处，鼓励学生有效反思学习，系统地总结相关知识和方法。

（二）立足学生的经验，切实提高项目设计质量

在进行项目设计时，教师要对原有课程内容进行分解和重构，以项目为载体构建行动体系。教师要以任务为中心，重新组合教学内容，结合现实教学条件，提高项目设计水平，多设计与学生实际生活紧密联系的活动。项目选择要贴近实际，同时要考虑实施的可操作性。

（三）探寻有效的方式，提高学生对项目化学习的适应能力

学校要加强对项目化学习的宣传，使学生充分了解项目化学习的形式、内容、意义。在实施过程中，教师要注重寻求有效的教学方式，让学生从入项开始就做好心理准备，转变传统学习模式，适应项目化学习方式。教师要逐步适应项目化课程改革，加强学风建设，强化学生的自主学习意识，调动学生参与项目化课程实践的积极性。

子项目 4 　 行走街巷——老街巷里的文化记忆

✺ 思维导图

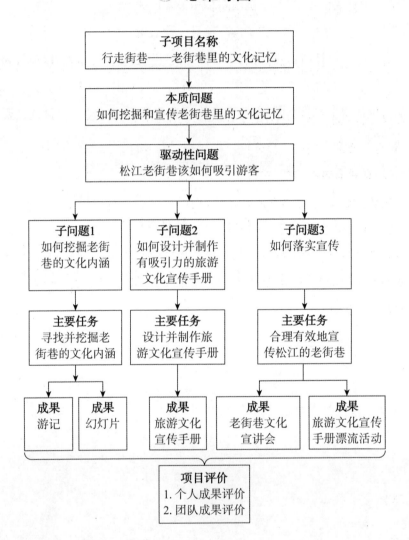

🛡 项目简介

"行走街巷——老街巷里的文化记忆"是面向三年级学生进行跨学科设计的项目化学习活动,由 8 位教师组成指导团队,整合语文、信息、美术学科的核心素养,帮助学生探寻老街巷里的文化记忆。

图 1　老街巷

本项目的本质问题为"如何挖掘和宣传老街巷里的文化记忆"。学生使用搜索、调查、访谈等手段来获取信息,通过信息处理和整合的方式形成文字稿,并进行口头汇报(配演示文稿),播放视频,最终形成关于老街巷的旅游文化宣传手册。在这一学习过程中,学生不仅能发展信息处理、合作探究、问题解决、宣传表达等多种能力和素养,还能更加深入地认识家乡,了解家乡,形成家乡情怀,增强文化传承的意识。"行走街巷——老街巷里的文化记忆"项目简介见表 1。

表 1　"行走街巷——老街巷里的文化记忆"项目简介

项目名称:行走街巷——老街巷里的文化记忆		项目时长:10 课时
相关学科:语文、信息、美术		学段:三年级
教材和相关资料:三年级"绿色宜居"校本课程中"松江老街巷"的相关内容		
项目实施者:陈馨怡、刘冬、夏闻闻、赵梦君、许婷、任晓燕、徐志娟		
所需资源	文字资源:松江乡土地理文字资源	
	场馆资源:松江博物馆	
	设备资源:摄像机等	

(((•))) 项目目标

一、知识与能力目标

根据义务教育课程标准(2022 年版),选取三年级学段,确定各学科中对应的学习目标。

（一）知识目标

语文学科的知识目标:乐于用口头、书面方式与人沟通交流,愿意与他人分享;主动观察大自然,观察社会现象,积极思考,并用口头、书面方式呈现自己的观察与探究所得。

信息学科的知识目标:了解数据的作用与价值,能利用现代化手段交流和分享信息,掌握数字时代知识积累与创新的方法。

美术学科的知识目标:能丰富审美体验,利用相关工具和材料创作美术作品,表达自己的所思所想。

（二）能力目标

提高沟通交流、信息搜集与整理、信息技术运用、绘画设计等方面的能力。

二、高阶认知

本项目重在培养学生的问题解决能力。学生需要通过信息检索、询问、实地考察等方法,以小组合作的方式,探索松江各个老街巷的历史与现状,并整合老街巷的文化特点制作旅游文化宣传手册,解决"松江老街巷该如何吸引游客"这一问题。

三、学习素养

探究性实践学习素养:通过资料收集等方式,探究老街巷背后的历史文化,如老街巷名称的来历、老街巷背后的传说、与老街巷有关的人物等。

社会性实践学习素养:实地调查老街巷,了解老街巷的现状;通过访谈相关居民,了解老街巷的变化以及居民对这些变化的想法。

审美性实践学习素养:让老街巷的历史美、人文美感染人和熏陶人;运用美术知识制作能体现老街巷特色的旅游文化宣传手册。

🔲 问题设计

一、本质问题

如何挖掘和宣传老街巷里的文化记忆?

二、驱动性问题

松江历史悠久,现在仍保留着大大小小的老街巷,包括袜子弄、仓城老街等。有一些位于闹市区的老街巷依旧保留着过去的模样,为人熟知,但也有一些饱含文化记忆的老街巷藏匿于老旧居民区,渐渐被人淡忘。松江老街巷该如何吸引游客?

三、子问题分解

为了便于学生深入开展项目化学习,我们将"松江老街巷该如何吸引游客"这一驱动性问题分解为 3 个子问题。

子问题 1:如何挖掘老街巷的文化内涵?

为了解决驱动性问题,学生需要了解松江老街巷的基本信息,并深入了解松江老街巷的历史文化。

子问题 2:如何设计并制作有吸引力的旅游文化宣传手册?

经过课堂讨论,项目组决定以旅游文化宣传手册的形式宣传老街巷的历史文化。为了向大众充分展示老街巷的魅力,学生需要思考如何将旅游文化宣传手册设计得有吸引力。

子问题 3:如何落实宣传?

要解决这个问题,学生需要思考如何最大化地利用手边的宣传材料,来达到较好的宣传效果。

📖 项目实施

一、项目启动概览

项目伊始,为了让学生对老街巷有初步的认识,教师为学生播放了松江部分老街巷的视频。通过观看视频,学生发现不同老街巷的现状存在巨大差异。一些被学生熟知的老街巷,如袜子弄、仓桥老街等都受到了良好的保护和修缮,但也有一些藏匿于老旧居民区的老街巷却日渐破败,与前者形成了鲜明的对比。这些老街巷都具有悠久的历史,街巷里的建筑同样不可避免地发生老化,但它们的现状却天差地别,这无疑引发了学生的思考:为什么会产生这样的差别呢?

经过讨论,学生大致得出两个结论:一是因为人们对这些老街巷的关注度不同;二是因为这些老街巷本身的文化魅力不同。

紧接着,教师出示了仓桥老街修缮前后的对比图,进一步激发了学生想要为老街巷做贡献的热情。通过课堂讨论,学生决定从提高人们对老街巷的关注度入手,将"松江老街巷该如何吸引游客"作为本次项目化学习的驱动性问题。

基于驱动性问题,我们设计了3个子问题。要吸引游客的目光,我们自己先要了解老街巷的闪光点,知道其文化内涵。我们将子问题1设计为"如何挖掘老街巷的文化内涵"。在了解老街巷文化内涵的基础上,我们要思考如何将其介绍给游客。我们将"如何设计并制作有吸引力的旅游文化宣传手册"设计为子问题2,引导学生制作旅游文化宣传手册。但仅靠一本宣传手册,宣传力度是远远不够的,这就有了子问题3"如何落实宣传"。

在课堂的最后,教师将学生3人一组分成6组,由学生自行组队。

二、知识与能力建构

子问题 1：如何挖掘老街巷的文化内涵？

主要任务：寻找并挖掘老街巷的文化内涵。

子问题 1 对应第 1 至第 7 课时的学习。学生对松江大部分的老街巷不是很了解，因此在课前，教师请学生以小组为单位了解松江的老街巷，并选择 1 至 2 个感兴趣的街巷进行初步的调查和资料收集。

在交流过程中，教师发现，不同小组选定的老街巷有所重复；大部分学生通过网络来搜集老街巷的相关信息，搜集到的信息大多是未经过整理的，重复的信息较多。于是，教师将学生没有涉及的老街巷的资料作为拓展材料提供给学生。随后，教师运用知识型支架策略，为学生提供了某一景点的宣传手册和概念支架，请学生基于相关内容进行小组讨论，明确旅游文化宣传手册应包含的内容，见表 2。

表 2　旅游文化宣传手册应包含的内容

序号	应包含的内容	小组讨论的结果
1	应包含的基本信息	
2	吸引游客的主要内容	
3	老街巷的文化特色	
4	小组决定重点介绍的内容	
5	小组还想补充的内容	

经过讨论，我们明确了必须要介绍的基本信息，包括街巷名称、名称由来、地理位置。在此基础上，每个小组从已经收集的资料或拓展资料中选择一条老街巷，挖掘体现其独特魅力的内容，最后将梳理好的内容整合成一份幻灯片，在班级中进行汇报。

在后面几个课时中，各小组按顺序介绍了袜子弄、菜花泾、黑鱼弄、白龙潭、泗泾老街、西司弄、仓城老街和百岁坊。其他小组在听完关于老街巷的介绍后，利用课余时间走进这些老街巷,实际感受老街巷蕴含的文化气息,并且将自己的感受写成游记,在下一节课进行交流。

在子问题1的学习中,游记属于个人的阶段性成果。在每次的课前交流中,学生通过聆听和表达,能够体会到自己没有发现的乐趣,进一步挖掘老街巷的文化内涵(见图2)。每个小组都借助幻灯片梳理了老街巷的主要信息,凸显了老街巷特有的文化内涵,为之后的学习奠定了基础。

陈思莹作品

图 2   学生创作的古镇创意棋盘

子问题2:如何设计并制作有吸引力的旅游文化宣传手册?

主要任务:设计并制作旅游文化宣传手册。

子问题2对应第8至第9课时的学习。学生在学习子问题1的过程中,积累了关于老街巷的图像资料,也形成了很多篇关于老街巷的游记,为制作老街巷的旅游文化宣传手册打下了基础。虽然各小组在制作幻灯片时对众多的信息进行了筛选,但旅游文化宣传手册的版面依旧无法容纳所有内容,因此,学生需要从现有的资料中挑选并总结出最能吸引游客的内容。

除了必须要介绍的基本信息,其他内容该如何选择呢?学生举行了一场讨论会,每个小组提出本组负责的老街巷要介绍的内容,由其他学生投票选出最终需要呈现的内容。

在设计旅游文化宣传手册的版面时,教师为学生提供了"版面设计"这个概念支架,引导学生思考并明确版面设计框架中需要包含的内容。教师还为这方面知识比较欠缺的学生提供了旅游文化宣传手册样例和手抄报图样两个资源支架。在具体操作过程中还涉及美术学科的实践活动,因此,教师还提供了这方面的学科实践支架。

子问题 3:如何落实宣传?

主要任务:合理有效地宣传松江的老街巷。

子问题 3 对应第 10 课时的学习。如何充分利用宣传材料,让更多的人了解老街巷的魅力呢? 在课堂上,教师请学生思考常见的宣传方式,并分析这些宣传方式的效果。学生介绍了电视广告宣传、地铁站广告宣传、传单宣传、商场活动宣传等宣传方式并分析了其效果。从学生对这些宣传方式效果的分析来看,单纯发放旅游文化宣传手册并不能产生比较好的宣传效果。

于是,学生缩小了宣传对象的范围,并且开启头脑风暴,试着从这些宣传方式中获得灵感,找到适合自身的宣传方法。学生觉得用比较有趣的方式进行展示会让大家的印象更加深刻。顺着这个思路,学生最终决定用投影来展示旅游文化宣传手册。学生自主设计轻松幽默的语言在本班级中巡回介绍。在活动过程中,学生热烈地讨论着如何设计宣传语,认真倾听彼此的发言。有的小组遇上困难,找不到老街巷里的文化记忆,有学生提出可以用不同的风格进行介绍,最终取得了不错的效果。在课堂上,不同的想法交织在一起,学生不仅加深了对松江老街巷特色的了解,还增进了友谊,提高了团结协作能力。

在正式的介绍环节中,虽然还是会有学生因为紧张而忘词,但总体来看,宣传效果还是不错的。在听完介绍后,对老街巷产生兴趣的学生会主动拿起旅游文化宣传手册细细查看,或者向宣传的学生询问更多有关老街巷的故事。

🔔 项目成果

一、个人成果

学生通过自行收集资料、倾听各个小组的介绍等方式,了解了松江老街巷的历史和特色,并在课后实地走访这些老街巷,体会隐藏在这些老街巷中的文化气息。在游览时,学生除了关注课堂上已介绍的风光,还自主感受这些老街巷的其他魅力。学生用图文并茂的方式记录下老街巷的风貌以及自己游历时的感受，为之后设计并制作老街巷的旅游文化宣传手册打下基础。

在每节课前，学生会交流自己的见闻，并推选代表在全班面前展示自己的游记。在整个课程结束后，每名学生会形成一本属于自己的老街巷游记。班主任会把这些游记摆放在班级内的图书角中，或者在班级内传阅，让其他学生一同感受老街巷的魅力。

二、团队成果

在项目推进的过程中，学生通过课堂学习、实地探索和资料收集，初步积累了设计并制作老街巷旅游文化宣传手册的素材（见图3）。之后，学生通过分组讨论，决定每个老街巷在旅游文化宣传手册上要呈现的内容。在夏闻闻老师的指导下，学生分工合作。擅长绘画的学生负责版面设计，字迹端正的学生把组内挑选出的文字素材誊抄上去。最后由陈馨怡老师统筹编辑，形成了一本老街巷的旅游文化宣传手册。

这本旅游文化宣传手册在年级中进行了漂流传阅：每天中午漂流到一个班级，由该班级中参与项目化学习的学生负责收发和介绍手册，班主任配合调动其他学生的兴趣。旅游文化宣传手册漂流活动吸引了不少师生对老街巷的关注，让大家深刻感受到了老街巷所承载的文化记忆。

图3　学生积累的素材

💡 项目评价与反思

一、项目评价

（一）个人成果评价

学生的个人成果以组内交流、班级宣传栏展示的形式进行公开。通过组内交流，学生对成果内容进行自评与互评，并且推出一名代表在班级内进行展示交流，展示交流完毕后由教师进行点评。班主任会把学生的个人成果展示在班级的宣传栏中，供其他学生查阅和讨论。

学生自评和同伴互评以评价表（见表 3）的形式进行，评价内容聚焦学生个人，主要关注学生活动参与度、自主探究能力、表达能力、合作能力等方面。

表 3　学生自评和同伴互评表

学生自评	
1. 了解了关于老街巷的知识	☆☆☆☆☆
2. 认真参观了老街巷	☆☆☆☆☆
3. 参观时能向身边人介绍老街巷	☆☆☆☆☆
4. 游记是图文并茂的	☆☆☆☆☆
5. 游记中写出了老街巷的特点	☆☆☆☆☆
6. 游记中记录了自己的感受	☆☆☆☆☆
7. 讨论时敢于发表自己的意见	☆☆☆☆☆
同伴互评	
1. 在讨论时能积极发言	☆☆☆☆☆
2. 能认真倾听他人的发言	☆☆☆☆☆
3. 游记能吸引读者	☆☆☆☆☆
4. 在他人遇到困难时，能及时提供帮助	☆☆☆☆☆

注：涂☆评价，其中，优秀涂 5 颗☆，良好涂 3 至 4 颗☆，一般涂 1 至 2 颗☆。

（二）团队成果评价

团队成果以旅游文化宣传手册漂流以及现场讲演的方式进行公开。评价不仅聚焦团队成果本身，也注重学生在完善成果过程中的表现，主要关注学生活动参与度、宣传效果、合作能力等方面。教师会听取现场听众的评价，并结合现场讲演过程中听众的反应进行评价。团队成果评价表见表4。

表4 团队成果评价表

评价内容	学生自评	教师评价
1. 旅游文化宣传手册的设计美观	☆☆☆☆☆	☆☆☆☆☆
2. 旅游文化宣传手册的内容体现了各个街巷的特点	☆☆☆☆☆	☆☆☆☆☆
3. 旅游文化宣传手册能激发大家的兴趣	☆☆☆☆☆	☆☆☆☆☆
4. 积极参与了旅游文化宣传手册的制作	☆☆☆☆☆	☆☆☆☆☆
5. 能借助旅游文化宣传手册介绍老街巷	☆☆☆☆☆	☆☆☆☆☆
6. 能主动帮助有困难的同伴	☆☆☆☆☆	☆☆☆☆☆

注：涂☆评价，其中，优秀涂5颗☆，良好涂3至4颗☆，一般涂1至2颗☆。

二、项目反思

（一）问题分析

一是项目活动设计的合理性有待提高。在课程实施过程中可以发现，虽然大部分老街巷保存了自身的韵味，并在后来的修缮中焕发新生，但也有一些老街巷在时间的长河中已经磨灭了原来的印记，让人无法窥探其原貌。学生实地考察这些老街巷时，很难将课堂中了解到的老街巷魅力转化为实际的认知。虽然课堂学习激发了学生保护老街巷的责任感，但学生在撰写游记以及制作旅游文化宣传手册时确实遇到了一定的困难。

二是学生的自主性有待进一步发挥。该项目的学习目标之一为进行版面设计，制作旅游文化宣传手册。在教学过程中，教师忽视了不同学生认知水平的差异,给所有学生提供了相同的学习支架。特别是在版面设计时,不同学生技能水平的差异还是比较明显的,为了照顾能力较弱的学生,教师提供了过多的支架,这反而限制了其他学生能力的发展。

三是需要进一步培养学生的团队合作意识。在本次项目活动中,小组成员的划分是由学生自主进行的。项目参与成员来自不同的班级,学生都偏向找自己熟悉的同学组队。较为内向的学生较难融入组内气氛,也有个别学生手足无措,等待教师安排。这使得在整个活动过程中,出现了小部分学生活动参与度较低、个别小组活动分工不合理、活动开展不顺利、整组积极性不高等问题。

(二)改进措施

一是关注项目活动的可行性。松江的老街巷很多,但每条老街巷的状态都是不一样的。在项目实施前,教师对老街巷进行了筛选,但在实施过程中仍旧发现部分老街巷的特色不明显。这就要求教师在项目实施前期做好准备工作,尽可能提升项目活动的可行性。在项目实施中遇到类似的情况,教师应该及时进行调整,尽量不影响学生的积极性和项目的顺利实施。

二是注重以学生为主体。兴趣是最好的老师,学生总是喜欢上那些能够满足他们兴趣的课。相比从教师提供的内容中选择其一来研究,不如让学生研究自己想研究的内容,后者显然更有乐趣。如在绘制旅游文化宣传手册的版面时,教师可以先让学生自由发挥,再根据实际情况给学生提供支架。如此一来,学生的积极性也会有所提高。在课堂中,教师应该更多地放手,让学生来交流老街巷的文化内涵,通过反转课堂来提高学生自主学习的能力。

三是培养学生的团队合作意识,巧用活动促进学生之间的交流。为了避免学生抱团,教师可以随机安排小组成员。在开展项目活动的过程中,教师可以巧用游戏、互动等方式,增加学生对彼此的了解。只有小组内的气氛融洽了,小组合作才能更加顺利地开展下去,学生在活动中也能提高自身的社交能力。教师还应该关注不善表达、羞于表达的学生,及时给予他们引导和帮助,让全体学生都能积极地参与项目化学习。

子项目5 玩转斜塔——天马山里的塔形斜影

✳ 思维导图

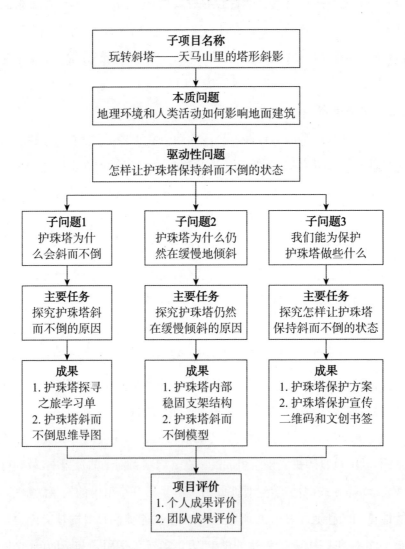

项目简介

"玩转斜塔——天马山里的塔形斜影"项目基于学生熟悉的松江本土的文化景观——天马山护珠塔展开学习,让学生共同感受人文历史和生态景观,在不同学科融合的课程中学习有趣的知识,增强保护文物的意识,主动参与文物的宣传与保护。

图1 天马山里的塔形斜影

表1 "玩转斜塔——天马山里的塔形斜影"项目简介

项目名称:玩转斜塔——天马山里的塔形斜影	项目时长:12课时
相关学科:自然、语文、信息、美术、劳动与技术	学段:三年级
教材和相关资料:授课教师准备和编制的相关教学资料	
项目实施者:杨春燕、卢佳、赵宏宇、夏闻闻、周羽沁、林琳、李晓雨	
所需资源 设备资源:电脑、照相机、录音设备、文印设备 材料资源:塑料结构件、超轻彩泥、版画材料 其他资源:护珠塔	

项目目标

一、知识与能力目标

根据义务教育课程标准(2022年版)，选取三年级学段，确定各学科中对应的学习目标。

（一）知识目标

自然学科的知识目标：掌握观察、实验、测量、推理、解释等科学方法；了解和探索自然，获得科学知识，解决科学问题。

语文学科的知识目标：乐于用口头、书面方式与人沟通交流，愿意与他人分享；主动观察大自然，观察社会现象，积极思考，并用口头、书面方式呈现自己的观察与探究所得。

信息学科的知识目标：了解数据的作用与价值，能利用现代化手段交流和分享信息，掌握数字时代知识积累与创新的方法。

美术学科的知识目标：能丰富审美体验，利用相关工具和材料创作美术作品，表达自己的所思所想。

劳动与技术学科的知识目标：掌握建筑的基本结构，能使用材料和工具进行规范操作，制作模型。

（二）能力目标

提高搜集整理信息、绘画设计、模型建构、信息技术运用、沟通交流等方面的能力。

二、高阶认知

本项目重在培养学生的系统分析能力、实验能力、问题解决能力。学生需要使用信息检索、询问、实地查看、测量、实验等方法，以小组合作的形式，探究护珠塔斜而不倒的原因，尝试提出实体保护和文创保护的方案，解决"怎样让护珠塔保持斜而不倒的状态"这一问题。

三、学习素养

探究性实践学习素养:查阅整理资料,了解保护护珠塔的一般思路和方法。

调控性实践学习素养:有计划地完成检索、询问、实地查看、测量、实验等项目过程,不断调整、优化思路,尝试提出护珠塔的保护方案。

社会性实践学习素养:通过合作探究和交流、实地走访、与专业人士交流,完成保护模型的搭建。

问题设计

一、本质问题

地理环境和人类活动如何影响地面建筑?

二、驱动性问题

位于上海市松江区天马山的护珠塔,因其倾斜度超过意大利的比萨斜塔,却斜而不倒而闻名于上海,成为旅游观光的热门景点,深受大家喜爱。据调查,护珠塔仍然在缓慢地倾斜,如果一直这样倾斜下去,护珠塔将有倒塌的可能。怎样让护珠塔保持斜而不倒的状态? 请你尝试提出一种保护方案,提交给相关部门吧!

三、子问题分解

为了便于学生深入开展项目化学习,我们将"怎样让护珠塔保持斜而不倒的状态"这一驱动性问题分解为 3 个子问题。

子问题 1:护珠塔为什么会斜而不倒?

为了解决驱动性问题,学生需要分组收集护珠塔斜而不倒的相关信息,并绘制思维导图。

子问题 2:护珠塔为什么仍然在缓慢地倾斜?

经过课堂讨论,项目组决定通过搭建模型来分析护珠塔缓慢倾斜的原因,并尝试制作一个能保持斜而不倒状态的护珠塔模型。

子问题 3:我们能为保护护珠塔做些什么?

要解决这个问题,学生需要实地探访护珠塔,思考保护护珠塔的可行举措。

项目实施

一、项目启动概览

课程伊始,在为学生介绍了各种类型的塔后,教师利用图片创设了一起去天马山参观的情境,要求学生观察并提问。很多学生产生了一个共同的疑问:护珠塔为什么是倾斜的? 在日常生活中,学生看到的塔大多是直的,而护珠塔的造型无疑是独特的。因此,教师引导学生从问题出发,带着问题去实践。这极大提高了学生的积极性和探索欲望。学生经过探究,找到了护珠塔斜而不倒的原因,但这并不意味着探究结束了,教师让学生继续思考自己能为保护护珠塔做些什么。由此,我们将"怎样让护珠塔保持斜而不倒的状态"设定为本项目化学习的驱动性问题。

学生参与总人数约为 30 人,三年级每班都有 2 至 3 名学生参与项目化学习。从学生之间的熟悉程度和任务安排的角度考虑,我们将学生 3 至 4 人分成一组,方便后期的任务分配和协调。在整个项目化学习的过程中,小组成员原则上不发生改变。我们会通过不同课时的任务协作来培养学生的小组合作能力。

围绕驱动性问题,我们提出了 3 个子问题,分别对应不同的课程。想保护护珠塔,先要对护珠塔有足够的了解,我们重点关注护珠塔倾斜的塔身,将子问题 1 设定为"护珠塔为什么会斜而不倒";接着,从护珠塔的现状引出子问题 2"护珠塔为什么仍然在缓慢地倾斜";最后,联系本项目化学习和学生的情况,我们希望为保护护珠塔贡献自己的力量,这就有了子问题 3"我们能为保护护珠塔做些什么"。

二、知识与能力建构

子问题 1：护珠塔为什么会斜而不倒？

主要任务：探究护珠塔斜而不倒的原因。

子问题 1 对应第 1 至第 4 课时的学习。学生在了解塔的类型的基础上，通过网络搜索自己想了解的护珠塔相关内容，并将信息整理记录在学习单上。随后，学生利用这些信息来绘制思维导图。在教学中，教师主要使用了学习单和思维导图这两种策略型学习支架，为学生解决问题提供方法指导。

学生在搜索护珠塔相关内容时，往往还没梳理清楚思路就开始搜索，导致出现信息收集和记录混乱的情况。这对后续的信息内容梳理和理解是不利的。教师引入学习单，让学生按表格填空，先思考再动手，系统性地发现问题、提出问题和解决问题，从而有效地收集和整理护珠塔相关信息。学生搜索信息需要使用电脑，教师要提前准备好相关资源。对于学习单的使用，教师要求学生先在规定时间内回答问题，再独立搜索信息和填写相关内容，以保证任务完成的效率和课堂秩序。

思维导图是将收集整理的书面内容以直观、清晰的图示形式呈现出来，能加深学生对护珠塔的认识和了解。当教师直接向学生提问"护珠塔斜而不倒的原因"时，学生能够回答，但无法完整地回答。引入思维导图的概念后，学生就能在梳理原因后查漏补缺，及时完善思维导图。教师还提供了彩笔，让学生在思维导图上标注重点，并发挥自己的创意。思维导图不仅能帮助学生梳理思路，还有助于学生的讨论和比较，能让学生及时完善对护珠塔的认识。

在子问题 1 的学习中，学习单和思维导图属于个人的阶段性成果。同时，学习单中的信息收集可以为思维导图绘制服务。每名学生根据自己对护珠塔的兴趣点进行思考、讨论、网络搜索，填写学习单并进行全班交流，大家做出评价。每个小组推选出代表，交流本组的思维导图，各小组互相学习，取长补短。

子问题 2：护珠塔为什么仍然在缓慢地倾斜？

主要任务：探索护珠塔仍然在缓慢倾斜的原因。

子问题 2 对应第 5 至第 7 课时的学习和一次课外专家讲座。在课堂上，学生通过实践探究知道了具有上小下大、上轻下重结构的物体稳定性更强。在对一般建筑有了基本的认识后，学生将其与倾斜的护珠塔进行了比较。学生对护珠塔仍然在缓慢倾斜的现象非常好奇，想知道护珠塔为什么仍然在缓慢地倾斜。

在这一阶段的学习中，学生寻找重心存在困难，因为理论需要实践的不断验证，所以教师提供了模型搭建材料作为学习支架。模型搭建材料包括矿泉水瓶、沙子、水、雪糕棒、吸管、超轻彩泥等。在实践模拟中，学生不断调整使用的材料和搭建的高度、角度等。学生知道了护珠塔斜而不倒的状态其实并不稳定，初步理解了护珠塔为什么仍然在缓慢地倾斜。

同时，利用模型搭建材料，学生可以完成护珠塔内部稳固支架结构的设计和搭建，制作一个可以保持斜而不倒状态的护珠塔模型，并进行外观设计。

在常规教学的基础上，学校邀请护珠塔管理部门以及修缮专家作为主讲嘉宾，为学生开办了一场专业讲座，弥补了授课教师在专业性上的不足。在讲座中，专家向学生介绍了天马山护珠塔周围的土壤、植被等情况，并指出，很多自然因素都会对护珠塔的状态产生影响，想让护珠塔保持斜而不倒的状态面临着很多挑战……学生在听讲过程中十分认真，在问答环节踊跃提问，得到了护珠塔管理部门以及修缮专家的一致认可。通过讲座，学生对护珠塔的现状有了更深入的了解。

制作一个可以保持斜而不倒状态的护珠塔模型是本阶段的主要学习任务。利用课堂剩余时间，各小组展示交流了本组的护珠塔模型并测试其稳定性。学习中使用到的模型搭建材料作为一种资源型学习支架，不仅提升了课堂的趣味和学生的参与热情，也能让学生更好地认识护珠塔，从而提出一些有益的保护举措。

子问题 3：我们能为保护护珠塔做些什么？

主要任务：探究怎样让护珠塔保持斜而不倒的状态。

子问题 3 对应第 8 至第 12 课时的学习，并穿插了一次护珠塔实地探访活动。

活动 1:护珠塔实体保护的举措探究。

受各种因素影响,学校仅组织部分学生进行了护珠塔的实地观察、测量和交流活动。学生在专家指导下观摩了护珠塔的检测过程,了解了护珠塔检测系统的重要性,知道了景区对护珠塔采取的一系列维护举措,并一起分析了周围的土壤、植被等情况,还进行了实地测量和记录。

回校后,学生在组内交流了实地观摩的情况。教师根据建造的原理和学生搭建模型的经验,结合之前展示的护珠塔模型,让学生针对护珠塔外观和内部的保护进行讨论,学生结合实际情况,提出了一些可行的方法,一起完善了护珠塔保护方案。

学生在实践、听课、考察的过程中体会了护珠塔倾斜的特殊性和保护的不易,增强了保护文物的意识。学生顺利地将教师讲授的知识内化为自己的知识,形成了护珠塔保护方案这一成果。

活动 2:护珠塔保护宣传的举措探究。

这一部分的教学从宣传的角度出发,让学生一起参与保护护珠塔。学生设计了护珠塔保护宣传二维码和文创书签,并将两者有机组合,形成了一份别有新意的文创产品。

教师创设了参观护珠塔等景点的情境,通过提供《景区使用二维码导览的好处》和《二维码制作》等阅读材料及相关视频,让学生快速了解二维码在生活中的用途。在教师的指导下,学生使用二维码来呼吁保护护珠塔。学生的实践大致可分为录音内容的分配和录制、使用二维码制作网站编辑图片和音频、调整顺序和排版几个步骤。由于步骤比较烦琐,教师有针对性地调整了活动顺序,并改变了教室的座位布局。最后,各小组都顺利制作出了护珠塔保护宣传二维码。

在书签的制作过程中,学生使用了版画技术,这是学生在美术课上学习过的内容。因此,整体教学较容易推进,学生分步将护珠塔形象制版和拓印。

二维码和书签都是本阶段学习的阶段性成果,成果在课堂上以展示交流为主。在课下，学生可以相互赠送作品，也可以让同学、家人扫描二维码了解相关信息，通过多种渠道宣传保护护珠塔的方法。

🔔 项目成果

本项目化学习以学生自主探究为核心，以教师引导为辅助，让学生在实践过程中学习护珠塔相关知识，增强保护文物的意识。

学生在实践过程中遇到了不少问题，如团队协作时分工不合理、时间安排不合理、对任务的理解不到位等。教师通过集体讲解、个别辅导、提供学习支架等帮助学生解决问题，提高学习效率。学生的学习成果包括个人成果和团队成果。个人成果包括搜集和整合的护珠塔相关资料、绘制的思维导图。团队成果包括制作的护珠塔模型、护珠塔音频资料、二维码、书签、明信片和撰写的护珠塔保护方案等。

除了在课堂上展示交流学生的成果，进行师生互评外，我们还将学生搭建的护珠塔模型陈列于自然教室，供其他学生参观。我们引导学生在课下让家长扫描二维码，与同伴分享书签等，在生活中做好文物保护宣传工作，一起保护护珠塔。其他同学和家长的建议也能帮助学生优化作品与成果。

在整个教学环节中，授课教师提供了若干个有益的学习支架，学习单和思维导图是策略型学习支架；模型搭建材料、二维码相关阅读材料和视频资源是资源型学习支架。在课程安排之外，项目组还安排了一次专家互动，作为交流型学习支架，以补充课程中的不足，提高课程的专业性。

一、个人成果

（一）护珠塔探寻之旅学习单

学生通过记录护珠塔的外形特点、倾斜情况、周围地理环境及其他想了解的内容，加深了对护珠塔基本情况和倾斜原因的认识。学生还可以从自身想要了解的内容入手，去收集相关资料。

表 2　护珠塔探寻之旅学习单

地理位置	护珠塔又称护珠宝光塔,建于北宋元丰二年(公元 1079 年),位于上海市松江区佘山镇天马山景区,是上海市文物保护单位。千年以来,由于地基变动,塔身逐渐朝东南方向倾斜,由于其斜度已超过了意大利著名的比萨斜塔,故有"上海比萨斜塔"之称,成为上海一大奇观。
探寻之旅	导语:亲爱的同学们,护珠塔经历了历史文化的多次洗礼,仍然威严矗立在天马山之巅,是松江的历史之根与文化之源。学校倡导大家了解家乡历史,保护家乡的一砖一瓦,共同创造家乡的美好明天。请同学们通过图文结合的方式记录护珠塔的外形特点、倾斜情况、周围地理环境及其他想了解的内容。
	任务: 1. 探访护珠塔前,你想了解的内容: 2. 你在探寻之旅中的发现:
所思所想	实地探寻后,你的感想:

（二）护珠塔斜而不倒思维导图

　　教师介绍了松江现存的名塔,重点引导学生发现护珠塔的独特之处。通过学习"思维导图"的概念,学生自主整合护珠塔相关信息,进一步梳理斜塔形成的原因,制作出护珠塔斜而不倒思维导图(见图 2)。教师引导学生保护护珠塔,保护家乡文物,激发学生热爱家乡的情感。

图 2　学生绘制的思维导图

二、团队成果

(一) 制作的护珠塔模型

学生从稳定性的角度找到了搭建模型塔的方法,小组合作,根据优化后的支架草图,利用材料尝试进行模型搭建。

在掌握了建塔的诀窍和学会保持塔身重心平衡后,学生巧妙利用工具搭建护珠塔模型并完成外观修饰。经过一节课的尝试,学生发现,只要找到了诀窍,搭建斜塔也不是很困难。学生搭建的斜塔形态各异,颇具特色(见图 3)。

图 3　学生搭建的斜塔

（二）护珠塔保护宣传二维码

学生以小组为单位，利用信息手段，以音频、图片的方式呈现自己对护珠塔的认识，并制作了二维码（见图4）。在制作二维码的过程中，学生梳理了护珠塔保护宣传相关知识，编排了相关文字，关注了文创设计的整体性和科学性，呼吁大家共同保护护珠塔。

图 4　学生制作的护珠塔保护宣传二维码

（三）护珠塔文创书签

各小组将二维码与书签相结合，形成了别具特色的护珠塔文创书签（见图5）。通过扫描二维码，大家就可以了解护珠塔相关信息。学生还把自己制作的书签带回班级，供其他同学欣赏和学习。

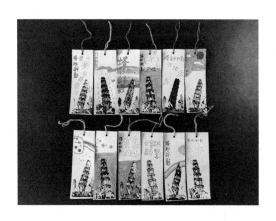

图 5　学生制作的护珠塔文创书签

（四）护珠塔保护方案

学生基于学习单，对护珠塔展开了全面的调查，明确了自己想解决的核心问题，并通过网络搜集资料、课堂学习、实地走访等方式获得了解决问题的思路。在实践中，学生对护珠塔的倾斜原因和历史故事有了深入的理解。学生认真了解松江的历史，主动保护家乡的一砖一瓦，共同创造家乡的美好明天。学生还主动为护珠塔设计了一个从实体保护到文化保护的方案，让更多的人了解护珠塔的历史文化，共同保护护珠塔。

本次项目化学习活动融合了自然、语文、信息、美术、劳动与技术学科的内容，让学生体验了动手、动脑的乐趣，同时掌握了新的操作技能，对松江的历史文化也有了更深刻的认识。

项目评价与反思

一、项目评价

学生的成果均以公开的方式在校园内和学校公众号上进行展示交流。学校对学生成果的评价比较多元多层，学生的个人成果评价和团队成果评价约分为三个层次：一是组内交流展示，在学生自评、同伴互评、教师评价并形成评价意见后由学生进行成果修订与完善；二是在校内，结合学生讲坛，在全校进行公开展示与汇报，先由全校师生投票点赞，再将成果通过学校微信公众号推送给家长和社会，接收来自校外的反馈；三是由学校项目化学习领导小组评价整个项目化学习的情况，形成反馈意见，并进一步优化项目设计与实施。因为学生形成的护珠塔保护方案具有一定的实用性，我们将其提交给上海市松江区文化市场和文物保护管理所，由专业人士进行点评和提出反馈意见。

（一）个人成果评价

对学生个人成果的评价，以学生自评、同伴互评为主。教师在每节课学生完成成果后当堂给予即时性评价。

表 3　个人成果评价表

活动模块	评价项目	学生自评	同伴互评
了解护珠塔	1. 了解松江的各种塔 2. 能使用搜索引擎在互联网上搜索护珠塔的相关信息	☆☆☆☆☆	☆☆☆☆☆
收集整理护珠塔的相关资料	1. 能分析处理搜索到的信息 2. 能确定本组思维导图的主题 3. 能根据步骤要求制作思维导图	☆☆☆☆☆	☆☆☆☆☆
探究护珠塔斜而不倒的原因	1. 能探究影响物体稳定性的因素 2. 能搭建高塔支架 3. 能验证保护措施的有效性	☆☆☆☆☆	☆☆☆☆☆
搭建护珠塔模型	1. 能完成护珠塔模型的搭建 2. 能修饰护珠塔的外观	☆☆☆☆☆	☆☆☆☆☆
制作护珠塔保护宣传二维码	1. 能准备好护珠塔保护宣传资料并撰写介绍语 2. 能完成录音 3. 能使用网站编辑图片和音频,完成二维码的制作	☆☆☆☆☆	☆☆☆☆☆
制作护珠塔文创书签	1. 能画出护珠塔 2. 能刻、印护珠塔 3. 能制作书签	☆☆☆☆☆	☆☆☆☆☆

注:涂☆评价,其中,优秀涂 5 颗☆,良好涂 3 至 4 颗☆,一般涂 1 至 2 颗☆。

(二) 团队成果评价

团队成果评价细分了三个维度的评价指标,由相关人员对团队成果进行总体评价。

表 4　团队成果评价表

评价项目	评价指标达成情况		
	主题明确,完成设定目标	有创新性和小组风格	小组分工合理
护珠塔模型	☆☆☆☆☆	☆☆☆☆☆	☆☆☆☆☆
护珠塔保护方案	☆☆☆☆☆	☆☆☆☆☆	☆☆☆☆☆
护珠塔保护宣传二维码	☆☆☆☆☆	☆☆☆☆☆	☆☆☆☆☆
护珠塔文创书签	☆☆☆☆☆	☆☆☆☆☆	☆☆☆☆☆

注:涂☆评价,其中,优秀涂5颗☆,良好涂3至4颗☆,一般涂1至2颗☆。

二、项目反思

(一) 经验与成效

1. 设计有意义的学习实践活动

有意义的学习实践活动大致分为探究性实践、调控性实践、审美性实践、社会性实践、技术性实践五类。在项目化学习活动中,我们在每个阶段都有意识地设计各种学习实践活动。在搜索和形成成果、评价作品并修订、公开展示成果、反思和迁移阶段,每名学生都积极投入,认真完成任务。在之后的教学中,教师要进一步思考如何运用更加丰富多彩的学习实践形态,深化学生的思考。

2. 注重激发学生的兴趣

小学生对动手实践很感兴趣。在学生对护珠塔有了一定的认识后,教师从护珠塔斜而不倒的特点入手,引导学生搭建护珠塔。教师引导学生发挥想象,积极探究如何达到这样的效果,并动手、动脑去完成任务。学生主动利用不同的材料,尝试建塔并学着保持塔身重心的平衡。

在信息技术方面,学生在日常生活中经常接触二维码,但很多学生并未深究其原理及制作过程。通过制作二维码的方式去宣传护珠塔,让大家一起保护护珠塔,这一设计非常贴近生活,学生都跃跃欲试。学生对制作二维码和文创书签的兴趣很高,课堂氛围自然就好了。

3. 适时引入外部资源

2021 年 12 月,项目化学习小组的成员一起上了一节别开生面的护珠塔探秘课程。在这节课上,我们邀请了上海市松江区文化市场和文物保护管理所张峰所长和上海交通大学曹永康教授与学习小组对话。曹教授抛出"护珠塔为什么是斜的""护珠塔是斜着好还是正着好""护珠塔加固的部分是看得到好还是看不到好"等问题,了解学生对护珠塔的认识,并向学生介绍了护珠塔的深厚历史底蕴,引导学生在保护文物的同时要尊重历史与呈现艺术性。

由于课堂形式新颖,授课教师具有特殊性,在提问环节,学生积极踊跃地表达自己心中的疑惑与好奇。很多学生非常关注护珠塔的日常维护、倾斜情况预测及可以采取的措施,这些都是在预设课堂上教师无法充分解答的问题,而专家资源的引入能更好地助力学生的学习。

这样富有专业性的对话对学生具有很强的吸引力。文物保护作为一项技术含量很高的工作,是一项社会事业,需要大家的共同参与。这场对话在三年级学生的心中埋下了关注文物保护的种子。

(二)问题分析与改进措施

1. 问题分析

一是学习支架不够适切。在项目化学习过程中,我们设计了思维导图等学习支架。有些学习支架呈现的效果比较好,有些学习支架还需要再仔细斟酌。如在搭建护珠塔模型前,教师为学生提供了很多素材。虽然这些素材都是学生身边的环保材料,但因为没有经过筛选和设计,耽误了学生不少的时间来尝试组建。

二是学生实地探访存在困难。受多种因素影响,学校无法组织学生多次进行实地探访。学生实地探访的活动大多是在周末由家长组织,因此不能保证每名学生都完成了任务。另外,因为家长的认知水平和引导方式存在差异,学生对护珠塔的认知和把握程度也存在一定的差异。

三是不同学科的教师协调不畅。本项目涉及多个学科的教师,虽然项目化学习是整体设计的,但在实施过程中却需要由各科教师分别组织学习。这就带来了课与课、单课时与总项目之间的衔接问题。

2. 改进措施

一是借助学习支架突破学习难点。教师要在学生的难点处、困惑处运用学习支架,帮助学生理解问题,寻找解决方法。而提供什么样的学习支架,是情境类、资源类、策略类还是评价类、交流类等,在何时以何种方式呈现,则需要教师根据学生的学习情况灵活判断。教师要基于学生的认知情况,提供较为合适的学习支架,引导学生自主解决难题。

二是开发多元的探访模式。本项目中对护珠塔的实地探访受到多种因素的影响,无法由学校统一安排集体前往。这就需要开发多元的探访模式,如学校可以和护珠塔管理部门合作,由专业人士为学生提供讲解或者实地测量指导。在技术允许的情况下,还可以考虑增设线上 VR 参观,模拟真实场景下的探访,让学生"近距离"地观察护珠塔的建筑材质和倾斜情况,了解景区的保护措施等。

三是形成跨学科定期备课机制。形成跨学科定期备课机制,可以解决由多位教师参与的跨学科学习的协调问题。项目核心学科的教师担任组长,协同项目组教师定期开展交流。项目化学习活动一般一周组织一次,备课组可以以周为单位,进行线上交流,沟通学生学习情况和课时学习成果,分析后续需要组织学习的内容。在每周线上交流的基础上,备课组可以以月为单位进行集体备课交流,共同讨论学生在学习中面临的问题,研讨改进策略。

附：

护珠塔保护方案

上海师范大学附属外国语小学三年级项目化学习小组

"玩转斜塔——天马山里的塔形斜影"项目组指导

一、研究主题

护珠塔又称护珠宝光塔,建于北宋元丰二年(公元 1079 年),位于上海市松江区佘山镇天马山景区,是上海市文物保护单位。千年以来,由于地基变动,塔身逐渐朝东南方向倾斜,由于其斜度已超过了意大利著名的比萨斜塔,故有"上海比萨斜塔"之称,成为上海一大奇观。三年级项目化学习小组围绕"怎样让护珠塔保持斜而不倒的状态"这一驱动性问题,主动探索松江的斜塔之谜。

二、探寻过程

教师提供了一张表格,让学生自己设想要了解护珠塔哪些方面的内容,引导学生基于问题,带着任务单去实地探索一番,了解护珠塔的特点。

在家长的带领下,学生更直观地了解了护珠塔的情况。护珠塔经历了历史文化的多次洗礼,仍然威严矗立在天马山之巅,是松江的历史之根与文化之源。

我们希望学生从护珠塔开始深入了解家乡历史,学会保护家乡的一砖一瓦,共同创造家乡的美好明天。以下是学生通过网络搜索和实地探访完成的任务单。

表1　探访任务单

我们想了解的内容	我们的探寻过程
为什么要建护珠塔	舍利子是古代修炼有成的高僧在火化后遗留下的骨头。周文达拿到舍利子后,一直希望把它供藏起来,选来选去,最终把藏宝地点选在了自己的老家松江天马山。他在山上建了一个家庙,把银盎甲供在家庙里,然后专门建了一座塔保藏舍利子,取名护珠塔。
护珠塔的发展历史是怎样的	护珠塔又称护珠宝光塔,在北宋元丰二年(公元1079年)建造。这是一座七层八角形砖木结构的楼阁式宝塔,塔高大概有30多米。在清朝乾隆五十三年(公元1788年),山上因做佛事,燃放爆竹引起火灾,烧毁了塔心木以及各层木结构,导致塔身倾斜。护珠塔到现在已有九百多年的历史。
护珠塔为什么是斜的	这与建筑材料有关,古代用糯米汁拌以桐油石灰来黏合砖块。据说用这种黏合剂来形成建筑物,时间越久越坚固。古代精湛的建筑技艺使护珠塔能够浑然一体,塔砖不会一块块塌落下来。
护珠塔为什么斜而不倒	这应该和护珠塔使用的建筑材料有很大的关系。古代工匠用很黏稠的糯米烧成粥,打成浆,和石灰、砂子拌在一起,搭建护珠塔。这样的材料很坚固。即使遇上较强的台风、地震等外力作用,某些墙面断裂,塔身也不会轻易倒塌。除了建筑材料外,护珠塔的建筑结构也很特殊。护珠塔的塔身用了八角形砖木结构。塔门的设计是每隔一个面开一个门,而且每层的门不开在同一个方向的墙面上,这就使每个没开门的墙面像腿一样支撑着塔身。每层墙面既相连又不承受一层的压力,使塔身受力十分均匀。因此,虽然因为各方面的原因,护珠塔发生了倾斜,但可以保持斜而不倒的状态。

三、保护方案

(一)实体保护方案

通过实地探访,学生发现护珠塔是借助支架来站立的。学生在课堂上利用已有的知识设计了很多让护珠塔斜而不倒的方法。学生用矿泉水瓶模拟护珠塔,有的小组在瓶子底部灌入黄沙以增加底部的重量,有的小组在瓶子外面加装几根支架来增加底部的面积,有的小组融合了前述两种方案。学生根据优化后的支架草图,利用手边熟悉的材料,如橡皮泥、吸管等,尝试搭建模型,验证优化后的支架对斜塔的支撑作用。事实证明,这是可以做到的!学生搭建的斜塔造型各具特色。

学生还尝试通过填平塔身墙体的裂纹、在护珠塔地基内填充加固物质来进一步保护护珠塔。我们在回顾前期整理的关于护珠塔保护措施的资料时发现,专家在保护护珠塔时也利用了类似的方法,如给塔基浇筑水泥、在墙体中嵌入钢筋等。在这样的双重保护下,护珠塔就能十分安全地屹立在天马山上了。

(二)文化保护方案

除了自己学习和探索,学生还想把对护珠塔的认识分享给更多的人,呼吁大家一起来关心、保护护珠塔。学生以小组为单位梳理自己对护珠塔的认识,并配上了护珠塔的图片。教师告诉学生可以采用一种快捷的方法进行大范围的宣传:先录音,再用二维码技术把文件保存下来,在需要的时候播放。很多博物馆、展览中心已经使用了这种方法。学生在教师的帮助下完成了录音,并上传了音频和图片,制作出了属于自己的护珠塔保护宣传二维码。

只有一个二维码的宣传略显单调,学生想到了一个不错的点子:将二维码与书签相结合,形成别具特色的护珠塔文创书签。书签正面是精美的护珠塔拓印和绘画作品,背面是课堂上制作的护珠塔保护宣传二维码。只要扫描二维码,全校师生就可以听到不同小组的介绍了!学生还把自己制作的精美书签带回班级,与同伴分享。

子项目6　寻根究底——广富林文化遗址里的"根文化"

✵ 思维导图

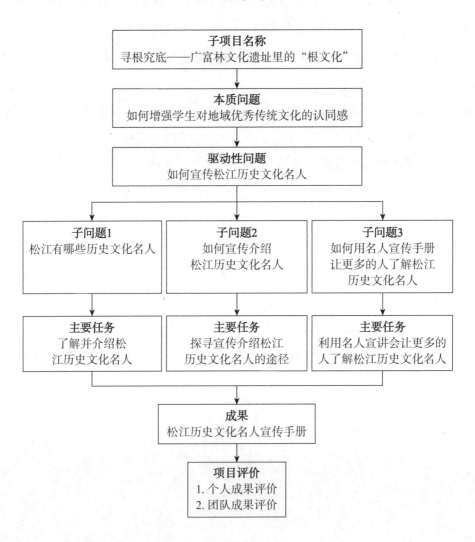

项目简介

"寻根究底——广富林文化遗址里的'根文化'"项目基于"松江为何称为上海之根"这一问题,挖掘松江文化资源,以爱国主义为核心,进行中华优秀传统文化教育。

图 1 广富林文化遗址

本项目由 6 位教师组成指导团队,设计了 12 课时的项目化学习活动,以语文为主学科,辅以信息、美术学科,主要以社团活动的形式开展学习。学生可通过探寻松江的历史文化名人,对松江产生浓厚的归属感和热爱之情,对家乡的历史文化有更深的认同感,从而积极传承松江本土的优秀文化。"寻根究底——广富林文化遗址里的'根文化'"项目简介见表 1。

表 1 "寻根究底——广富林文化遗址里的'根文化'"项目简介

项目名称:寻根究底——广富林文化遗址里的"根文化"	项目时长:12 课时
相关学科:语文、信息、美术	学段:三年级
教材和相关资料:授课教师准备和编制的相关教学资料	
项目实施者:朱玉晴、谢晶、翁海英、任珊珊、谢珊珊、杜京晓	
所需资源 设备资源:电脑、照相机、文印设备、装订机 材料资源:纸、颜料 场馆资源:名人故居	

◉ 项目目标

一、知识与能力目标

根据义务教育课程标准(2022年版),选取三年级学段,确定各学科中对应的学习目标。

(一)知识目标

语文学科的知识目标:乐于用口头、书面方式与人沟通交流,愿意与他人分享;主动观察大自然,观察社会现象,积极思考,并用口头、书面方式呈现自己的观察与探究所得。

信息学科的知识目标:了解数据的作用与价值,能利用现代化手段交流和分享信息,掌握数字时代知识积累与创新的方法。

美术学科的知识目标:能丰富审美体验,利用相关工具和材料创作美术作品,表达自己的所思所想。

(二)能力目标

提高搜集整理信息、绘画设计、模型建构、信息技术运用、沟通交流等方面的能力。

二、高阶认知

本项目重在培养学生的问题解决能力:一是搜集整理信息的能力,如通过互联网搜集相关名人的信息并进行整理归纳,选取有效信息;二是决策能力,如小组合作,分工介绍一位名人的信息,确定展示的方式;三是调研能力,如实地探访名人故居,了解名人的生平信息等。

三、学习素养

创造性实践学习素养:搜集名人信息,制作名人宣传手册。

社会性实践学习素养：合作探究和交流，并进行实地探访。

审美性实践学习素养：制作精美、别致的名人宣传手册。

技术性实践学习素养：学习检索名人的相关信息，掌握制作名人宣传手册的方法。

 问题设计

一、本质问题

如何增强学生对地域优秀传统文化的认同感？

二、驱动性问题

在实践中，我们发现，许多小学生对自己所在的松江区不够了解。我们有必要挖掘松江文化资源，进行优秀传统文化再教育。我们希望学生通过探寻松江的历史文化名人，对松江产生浓厚的归属感和热爱之情，对家乡的历史文化有更深的认同感，从而积极传承松江本土的优秀文化。由此，我们提出了驱动性问题：如何宣传松江历史文化名人？

三、子问题分解

为了便于学生深入开展项目化学习，我们将"如何宣传松江历史文化名人"这一驱动性问题分解为 3 个子问题。

子问题 1：松江有哪些历史文化名人？

为了解决驱动性问题，学生需要分组收集松江历史文化名人的信息，并整理、分析收集到的信息，提取有效信息。

子问题 2：如何宣传介绍松江历史文化名人？

经过课堂讨论，项目组决定以名人宣传手册的形式宣传介绍松江历史文化名人。

子问题 3：如何用名人宣传手册让更多的人了解松江历史文化名人？

要解决这个问题,学生需要思考如何最大化地利用手边的宣传材料,来达到较好的宣传效果。

📖 项目实施

一、项目启动概览

项目伊始,教师先为学生播放了一段介绍松江历史文化名人的视频,让学生对松江历史文化名人形成初步印象。为了加深学生对松江历史文化名人的印象,教师会对学生进行提问,引导学生通过网络调查、咨询专家、实地走访等形式了解松江历史文化名人。之后,教师引导学生进行头脑风暴,思考应该采用什么方式来宣传介绍松江历史文化名人。最后,教师鼓励学生集思广益,思考如何用名人宣传手册让更多的人了解松江历史文化名人,了解松江历史。

我们将"如何宣传松江历史文化名人"设定为本项目化学习的驱动性问题。本项目参与总人数为 20 人,三年级每班均有两名学生参与此项目。从学生之间的熟悉程度和任务安排的角度考虑,我们将学生 5 人分成一组,方便后期的任务分配和协调。在整个项目化学习的过程中,小组成员原则上不发生改变。我们会通过不同课时的任务协作来培养学生的小组合作能力。

二、知识与能力建构

子问题 1:松江有哪些历史文化名人?

主要任务:了解并介绍松江历史文化名人。

子问题 1 对应第 1 至第 7 课时的学习。教师提前布置学习任务,引导学生分组合作,通过网络查询、咨询专家、实地走访等方式收集相关资料,制定学习方案。教师帮助学生整理、筛选、分析松江历史文化名人的信息,引导学生关注松江重要的历史文化名人的信息,提高学生的学习效率。之后,教师展示了自己准备的资料,补充了学生没有收集到的内容。在引导学生制作幻灯片前,教师从学生的视角出发提供了范例。该范例在技术和主题上都对学生的学习起到了引导作用。范例展示可以避免拖沓冗长或含糊不清的解释，帮助学生较为便捷地达成学习目标。

接着，教师请学生自己介绍收集到的有关松江历史文化名人的知识，促使学生在课堂上内化、交流和研讨，深化理解。最后，学生可结合教师的点评，完善自己的资料。

子问题 2：如何宣传介绍松江历史文化名人？

主要任务：探寻宣传介绍松江历史文化名人的途径。

子问题 2 对应第 8 至第 10 课时的学习。学生了解了松江历史文化名人的相关信息后，教师便开始引导学生思考如何宣传介绍松江历史文化名人。学生想到可以通过制作松江历史文化名人宣传手册来进行宣传。美术教师为学生提供了格式模板，具体设计了三大板块。一是花边设计。其一，欣赏实物，接触花边。教师出示了一块印有各种花边的围巾和一个有花边装饰的小包，让学生观察，说出其共同特点——都有美丽的花边装饰。其二，讨论花边的绘制方法。二是插图设计。教师引导学生欣赏图书角中的书本插图，分析插图的特点，并思考如何根据松江历史文化名人的特点设计插图。三是封面设计。教师提供元素，学生选择与内容相关的元素并说明原因，剪贴封面。之后，教师指导学生分组制作松江历史文化名人简介。学生可以仿照教师的例子来制作，也可以根据自己喜欢的方式制作。最后，美术教师统一指导学生修改，并将各组学生制作的简介合订成一本名人宣传手册。

子问题 3：如何用名人宣传手册让更多的人了解松江历史文化名人？

主要任务：利用名人宣讲会让更多的人了解松江历史文化名人。

子问题 3 对应第 11 至第 12 课时的学习，具体包括六方面的内容。

一是研读资料。通过前面的学习，学生了解了松江历史文化名人的相关信息，对其特点也有了一定的认识。这为学生接下来传播松江历史文化奠定了基础。在后续的学习中，学生选择了更有效的方式和途径。

二是集中讨论。教师提出问题："如何用名人宣传手册让更多的人了解松江历史文化名人？"教师指导学生进行头脑风暴。学生最终决定以宣讲会结合微信推送的形式让更多的人了解松江历史文化名人。

三是发布任务。教师发动学生共同梳理宣讲会流程,明确每名学生在宣讲会中的工作。教师负责分工协调,统筹安排所需物品。

四是多渠道宣传。通过海报宣传、校园网发布信息、学校官方微信公众号推送信息,使更多的人了解松江历史文化名人。师生还优化了宣传的内容,使人印象更为深刻。

五是操作指导。教师对学生的宣传词进行了指导,明确了名人宣传手册的内容与意义。教师对学生制作的宣传海报进行了指导。学生主动邀请家长、学校领导等参加宣讲会。

六是布置展台。学生主动串联之前课题里研究的松江历史文化名人的相关内容。教师负责印制松江历史文化名人宣传手册。师生共同宣传松江历史文化。

🔔 项目成果

本项目化学习以学生自主探究为核心,以教师引导为辅助,让学生在实践过程中学习松江历史文化名人的相关知识,对松江产生浓厚的归属感和热爱之情,对家乡的历史文化有更深的认同感,从而积极传承松江本土的优秀文化。

本项目重点关注以下几方面:(1)给学生提供更多的参与机会,激发学生学习探究的兴趣;(2)根据学生的发展需要,开展小组合作学习;(3)给学生搭建展示成果的舞台,提高学生学习探究的实效;(4)课内外融合,关注学生对知识的内化。

学生在实践过程中遇到了不少问题,如团队协作时分工不合理、时间安排不合理、对任务的理解不到位等。教师通过集体讲解、个别辅导、提供学习支架等帮助学生解决问题,提高学习效率。学生的学习成果包括个人成果和团队成果。

一、个人成果

每组学生都要做一张松江历史文化名人资料卡,具体涉及名人生平信息介绍、插画设计、花边设计、排版设计等。教师最终将学生做的松江历史文化名人资料卡制作成松江历史文化名人宣传手册。

二、团队成果

学生的团队成果为松江历史文化名人宣传手册。该手册详细介绍了松江历史文化名人的生平信息，让大家深入了解松江历史文化名人，主动传承松江历史文化。

图 2　学生团队成果展示

项目评价与反思

一、项目评价

为了扩大本项目的影响范围,使全校师生受益,本项目组按照以下步骤进行了成果梳理和展示。

步骤一:师生协作探究,共同梳理松江历史文化名人的相关信息,选出最具代表性的松江历史文化名人。

步骤二:教师根据不同学生喜欢的松江历史文化名人,设计不同的宣传点,有序串联相关知识。对于学生能独立完成的任务,教师安排其自主完成。对于浓缩宣传语和介绍语等相对复杂的任务,教师指导学生通过互动交流协作完成。

步骤三:结合家长资源,让学生现场制作或品尝松江特产;结合学校资源,邀请书法教师临摹《平复帖》,吸引更多学生和家长参与宣讲会。

步骤四:以宣讲会的形式将松江历史文化名人宣传手册展示给大家。引导学生参与爱心义卖,了解更多关于松江历史文化的故事。在宣传的过程中,为学生搭建了一个展示成果的平台,让学生充分表达自己的思想感受、宣传设计理念等。

最终,团队获得了学校发放的附小币。这不仅让学生获得了成就感,还增强了学生对松江历史文化的兴趣,促进了生生、师生的沟通和合作。

表 2　手册评价标准

评价维度	评价标准		
	明星手册	精品手册	大众手册
封面	1. 封面与手册内容相契合,能清晰地表达宣传松江本土优秀文化的主旨 2. 封面设计新颖独特,线条运用流畅,色彩搭配适宜,图形构成合理	1. 封面与手册内容比较契合,能比较清晰地表达宣传松江本土优秀文化的主旨 2. 封面设计比较新颖,线条运用比较流畅,色彩搭配比较适宜,图形构成比较合理	1. 封面与手册内容基本契合,基本能表达宣传松江本土优秀文化的主旨 2. 封面设计规范,线条运用、色彩搭配、图形构成基本合理

（续表）

评价维度	评价标准		
	明星手册	精品手册	大众手册
目录	1. 内容完整,涵盖手册所有页面的信息 2. 板块清晰,能让读者直观地了解手册的编排结构	1. 内容完整,基本涵盖手册所有页面的信息 2. 板块比较清晰,能让读者比较直观地了解手册的编排结构	1. 内容完整,涵盖手册多数页面的信息,稍有遗漏 2. 板块比较清晰,能让读者大致了解手册的编排结构
排版	1. 版面层次清晰,重点突出 2. 色彩搭配合理,具有艺术美感 3. 文字与图片完美匹配,视觉效果良好 4. 字体、字号运用恰当,行距、边距设置合理	1. 版面层次比较清晰,重点比较突出 2. 色彩搭配比较合理,比较美观 3. 文字与图片基本匹配,视觉效果较好 4. 字体、字号运用比较恰当,行距、边距设置比较合理	1. 版面层次基本清晰,重点不够突出 2. 色彩搭配基本合理,比较美观 3. 文字与图片大致匹配,个别地方不够契合 4. 字体、字号运用基本恰当,行距、边距设置基本合理
内容	1. 内容全面,介绍清晰详细 2. 语言生动有趣,能吸引读者 3. 无错别字,标点使用正确	1. 内容比较全面,介绍比较清晰详细 2. 语序正确,结构完整 3. 无错别字,标点使用基本正确	1. 内容基本全面,介绍比较清晰详细 2. 语序基本正确,结构比较完整 3. 错别字较少,标点使用基本正确

表 3　团队成果评价表

评价维度	评价内容	评价结果
封面	封面与手册内容相契合,能清晰地表达宣传松江本土优秀文化的主旨	☆☆☆☆☆
	封面设计新颖独特,线条运用流畅,色彩搭配适宜,图形构成合理	☆☆☆☆☆

（续表）

评价维度	评价内容	评价结果
目录	内容完整，涵盖手册所有页面的信息	☆☆☆☆☆
	板块清晰，能让读者直观地了解手册的编排结构	☆☆☆☆☆
排版	版面层次清晰，重点突出	☆☆☆☆☆
	色彩搭配合理，具有艺术美感	☆☆☆☆☆
	文字与图片完美匹配，视觉效果良好	☆☆☆☆☆
	字体、字号运用恰当，行距、边距设置合理	☆☆☆☆☆
内容	内容全面，介绍清晰详细	☆☆☆☆☆
	语言生动有趣，能吸引读者	☆☆☆☆☆
	无错别字，标点使用正确	☆☆☆☆☆

注：涂☆评价，其中，优秀涂 5 颗☆，良好涂 3 至 4 颗☆，一般涂 1 至 2 颗☆。

二、项目反思

这次的项目化学习活动融合了语文、信息、美术学科的知识，充分调动了学生的积极性、自主性和创造性，真正做到了将课堂让给学生，将舞台交给学生。

（一）成效

1. 学生的能力得到了提高

通过此次学习，学生提高了自身的能力。学生乐于用口头、书面方式与人沟通交流，愿意与他人分享；主动观察大自然，观察社会现象，积极思考，并用口头、书面方式呈现自己的观察与探究所得；了解数据的作用与价值，能利用现代化的手段交流和分享信息，掌握数字时代知识积累与创新的方法；能丰富审美体验，利用相关工具和材料创作美术作品，表达自己的所思所想。

2. 学生更加热爱中华优秀传统文化

项目组不断丰富学生的文化知识结构，提升学生的文化素养，帮助学生形成正确的文化价值观。项目组让学生贴近生活，了解松江的历史，走进松江的文化,通过一系列的实践活动,提高自身发现问题、解决问题的能力,同时增强团队合作意识。学生通过学习,了解了松江历史文化名人的生平信息、代表作和特点,对松江产生了浓厚的归属感和热爱之情,对家乡的历史文化有了更深的认同感,从而积极传承松江本土的优秀文化。

(二) 不足

1. 家长参与度不够,需要融合优质资源

因工作繁忙,家长能带孩子去参加课外实践的机会比较少。另外,还有一部分家长重视程度不够,没有实质性的行动。如果家长能够参与进来,带孩子去广富林文化遗址公园、方塔公园、史量才故居等地探寻松江历史文化名人,效果会更佳。

2. 部分学习支架使用效果不佳

在项目化学习过程中,我们先后设计了思维导图、头脑风暴等学习支架。有些支架的使用效果比较好,有些支架的使用效果不佳,难以促进学生的学习。对于学习支架的使用,我们还需要仔细斟酌。

3. 学生实地探访存在困难

受多种因素影响,学校无法组织学生多次进行实地探访。学生实地探访的活动大多是在周末由家长组织的。因为家长的认知水平和组织协调能力不同,孩子的学习效果参差不齐,对松江历史文化名人的认知和把握程度也有所不同。

(三) 改进措施

1. 整合校级家长资源,引导家长参与项目化学习

教师可以联系有意愿的家长,共同为孩子提供资源,引导孩子参与项目化学习。比如,宣讲会中涉及的制作海报等工作,可以请有经验的家长协助;在实地探访时,可以请家长带领孩子去相对较近的地方。

2. 借助学习支架突破学习难点

教师要在学生的难点处、困惑处运用学习支架,帮助学生理解问题,寻找解决方法。而提供什么样的学习支架,是情境类、资源类、策略类还是评价类、交流类等,在何时以何种方式呈现,则需要教师根据学生的学习情况灵活判断。教师

要基于学生的认知情况,提供较为合适的学习支架,引导学生自主解决难题。

3. 拓展探究方式

不少场馆推出了网络"云游",教师可以借助相关资源,引导学生在课堂内完成探究任务。本项目中,教师可以开发多元的探访模式,比如,联系家长共同探访;与名人故居管理部门合作,由专业人士为学生提供讲解或者实地探访指导。在技术允许的情况下,还可以考虑线上参观,模拟真实场景下的探访,让学生"近距离"地进行观察。

▶ 专题 3

探秘之思

核心内容

　　项目化学习是一种以学生为中心的学习模式。本专题在理论学习部分主要探讨了项目化学习的核心理念，提供了一套全面的理论框架和实践指南。在项目化学习的设计与实施中，本专题重点研究了学习支架，剖析了如何使用学习支架发展学生的批判性思维、创造力和自主学习能力。

学习支架是促进学生习得知识和技能、发展思维的关键。项目化学习对学生的能力提出了更高的要求,教师搭建合理有效的学习支架,有助于学生解决问题,获得必备的学习素养。学校为项目组教师提供了学习支架专题培训。教师通过深入学习与思考,在对学习支架有了更多感悟的基础上,主动梳理项目化学习的实践经验,进一步深化项目化学习。

第一节 学习支架研究现状

一、文献研究现状

现阶段,有关项目化学习或学习支架的研究文献较为丰富,但聚焦项目化学习支架的研究文献相对较少。在中国知网中,截至 2024 年 12 月,以"项目化学习"为主题进行检索,可以找到 6189 篇相关文献;以"学习支架"为主题进行检索,可以找到 2977 篇相关文献;同时以"项目化学习"和"学习支架"为主题进行检索,仅能检索到 242 篇相关文献,并且,这些研究成果从 2019 年开始呈现,2021 年后,学界对项目化学习支架的关注度逐渐增加(见图 1)。

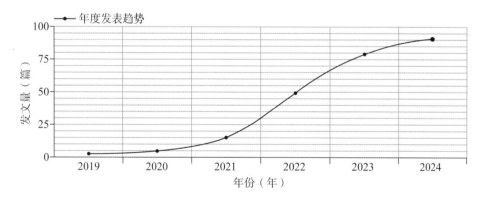

图 1 以"项目化学习"和"学习支架"为主题的研究文献年度发表趋势

对检索到的研究文献进行分类整理后发现,对项目化学习支架的研究模式主要有两种。一是在项目化学习的研究中把学习支架作为一个重要研究部分,强调学习支架设计在项目化学习中的重要性。二是指向项目化学习支架的专门研究,聚焦项目化学习中的支架设计。后者对学习支架的论述更为具体和深入。有关项目化学习支架的研究主要涉及概念内涵、类型与形式、必要性与重要性、项目化学习支架设计等内容。

二、项目化学习支架的研究成果分析

(一) 有关项目化学习支架概念内涵的研究

很多研究者讨论了项目化学习支架的概念内涵,重点关注学习支架的历史演变和概念界定。

1. 历史演变

学习支架是一个相对成熟的学习理论。20 世纪 70 年代,Wood 和 Bruner 等人在教育领域使用了"支架"的概念。[1] 维果茨基提出最近发展区理论,强调为学生"搭建脚手架"。美国心理学家布鲁纳在维果茨基理论的基础上提出了"支架式教学"。之后,人们将学习支架与各类课程相结合,不断深化学习支架的应用与研究。

然而,不同研究者对学习支架的起源论述存在较大差异。有研究者认为,学习支架源于维果茨基的最近发展区理论[2]。有研究者认为,学习支架源于苏格拉底的产婆术教学法[3]。虽然存在差异,但大家都认可维果茨基最近发展区理论对学习支架应用的巨大贡献。

2. 概念界定

对项目化学习支架概念界定的重点在于对学习支架的界定。研究者对学习支架的理解存在较大差异。有的研究者把学习支架定义为一种工具或策略。有的研究者认为,学习支架是为学生提供的学习支持或帮助。

虽然研究者对学习支架性质的表述存在较大差异,但他们对学习支架特征

---

[1] 薛飞.小学创客教育中促进问题解决的学习支架的设计研究[D].济南:山东师范大学,2020:12.
[2] 张玲玲.面向初中生计算思维培养的学习支架设计与应用研究[D].曲阜:曲阜师范大学,2021:6.
[3] 薛飞.小学创客教育中促进问题解决的学习支架的设计研究[D].济南:山东师范大学,2020:11.

的描述也存在很多共同点:(1)学习支架具有情境性,学习支架的提供需要结合具体情境,如学生现有的知识与经验水平、学习任务的难易情况等;(2)学习支架具有渐隐性,随着学生对学习内容掌握程度的提高,学习支架应该被慢慢撤掉。

(二)有关项目化学习支架类型与形式的研究

项目化学习支架类型并没有统一的划分标准,依据不同的学习支架分类标准,出现了多种学习支架。有研究者根据学习支架发挥作用的差异,将学习支架划分为认知支架、情感支架和能力支架。[①] 有研究者根据学习支架来源的差异,将学习支架划分为一对一支架、同伴支架和基于计算机的支架。[②] 有研究者根据教学活动的开展情况,将学习支架划分为情境性支架、目标性支架、任务性支架、资源性支架、交流性支架和评价性支架。[③] 有研究者根据支架的表现形式,将学习支架划分为问题式支架、范例式支架、建议式支架、图表式支架、向导式支架。[④] 不同类型的学习支架往往有不同的表现形式,例如,情境性支架往往会涉及真实案例、多媒体素材、问题情境等学习支架表现形式。

(三)有关项目化学习支架必要性与重要性的研究

在项目化学习过程中,教师为学生提供有效的学习支架非常有必要,支架式探索会让项目化学习活动的效果更好,效率更高。[⑤] 项目化学习任务非常具有挑战性,学生的认知受到较大挑战,他们在问题解决上会存在许多困难,若要保障项目活动顺利开展,提供学习支架则成为必然要求。项目化学习就是要让学生像专家一样进行探究。为了让学生像专家一样进行深度思考,教师需要为学生深度探究提供台阶,减少他们不必要的认知负荷。[⑥]

与此同时,很多研究也证实了项目化学习支架的多样化价值。从认知的角

①　周维娟.支架式教学在高中信息技术教学中的应用研究[D].北京:首都师范大学,2012:3-4.

②　J. Michael Spector, M. David Menill, Jan Elen,等.教育传播与技术研究手册(第四版)[M].任友群,等译.上海:华东师范大学出版社,2015:256,308.

③　张丽霞,商蕾杰.虚拟课堂学习支架的类型及功能[J].中国电化教育,2011(4):27-31.

④　闫寒冰.信息化教学的学习支架研究[J].中国电化教育,2003(11):18-21.

⑤　李梅,葛文双.基于项目的在线协作学习支架策略探究[J].现代远距离教育,2021(1):1-11.

⑥　谢宇松.项目化学习设计的出发点[J].教学与管理,2020(32):24-26.

度来看,学习支架有助于提升学生的技能水平[1],促进学生思维模式的变化,对学生批判性思维的发展有帮助,从而提升学生的问题解决能力[2]。从元认知的角度来看,学习支架有助于促进学生元认知的发展,提高学生的元认知能力[3]。此外,有研究结果表明,有效的学习支架对学生形成积极的学习态度、提高自主分析能力和独立自主进行学习有积极作用。[4]

(四) 有关项目化学习支架设计的研究

随着对项目化学习支架研究的深入,人们意识到当前的项目化学习支架设计存在许多问题,质量不佳的学习支架对项目化学习的推进力不足,并不能很好地发挥学习支架的多种作用。因此,越来越多的学者聚焦学习支架设计,强调构建项目化学习支架体系,例如,有研究者基于知识地图设计了 STEM 项目式学习支架体系[5],有研究者基于认知负荷理论设计了小学数学项目式学习支架体系[6],有研究者在小学创客教育中设计了促进问题解决的学习支架框架[7],有研究者在面向 STEM 教育的项目学习设计中搭建了项目学习支架体系[8]。

在有关项目化学习支架框架体系构建的研究中,研究者一般会探讨项目化学习支架设计的必要性,论述学习支架设计的主要原则,确定项目化学习支架的类型与表现形式,最后呈现具体的项目化学习支架设计流程。研究者较为认可的项目化学习支架设计原则包括情境性原则、发展性原则、多样性原则、适时适

---

[1]　Yeh Yuchu, Yeh Yiling, Chen YuHua. From knowledge sharing to knowledge creation: a blended knowledge-management model for improving university students' creativity[J]. Thinking Skills & Creativity, 2012(3):245 - 257.

[2]　崔春华.循证实践课例研究在项目化学习中的应用——以指向学生复杂问题解决能力提升的学习支架设计为例[J].上海教育科研,2022(2):24 - 30.

[3]　毛刚.学习分析作为元认知反思支架的效能研究[J].电化教育研究,2018(9):22 - 27.

[4]　郭炯,郭雨涵.学习支架支持的批判性思维培养模型应用研究[J].电化教育研究,2015(10):98 - 105.

[5]　刘雪英.基于知识地图的 STEM 项目式教学设计与应用研究[D].曲阜:曲阜师范大学,2021:63 - 66.

[6]　闫怡.基于认知负荷理论的小学数学项目式学习支架设计与应用研究[D].西安:陕西师范大学,2020:25 - 43.

[7]　薛飞.小学创客教育中促进问题解决的学习支架的设计研究[D].济南:山东师范大学,2020:37 - 50.

[8]　吴红.面向 STEM 教育的项目学习设计与应用研究[D].曲阜:曲阜师范大学,2019:32 - 37.

度性原则、启发性原则、学生主体性原则等。在确定学习支架的类型与表现形式时，研究者通常会依据项目化学习阶段和学习者的特点选择具体的学习支架，并对应说明各类学习支架的预期作用、教学策略和具体表现形式。

通过梳理学习支架设计流程相关研究成果，笔者发现，项目化学习支架体系设计主要分为三个阶段。一是学习支架体系设计的前期分析阶段，具体分析项目化学习内容、学习者认知水平、学习特征、整体学习目标等。二是学习支架体系的设计与实施阶段，因为学习支架贯穿整个项目化学习过程，需要针对不同阶段设计并应用合适的支架。三是学习支架体系的评价与修改阶段，应发挥评价的积极作用。

三、对项目化学习支架研究的评析

国内有关项目化学习或学习支架的研究颇为丰富，专门指向项目化学习支架的研究也逐步出现。这些研究丰富了项目化学习支架的理论和实践成果，但仍然存在很大的发展空间。

（一）研究成效

第一，项目化学习支架的研究逐渐形成了体系化的研究领域。聚焦项目化学习支架的研究起步比较晚，但经过教育研究者的努力探索，项目化学习支架的研究内容逐渐丰富，甚至出现了项目化学习支架的专项研究。研究成果既包含对概念内涵、类型与形式、必要性与重要性的讨论，也包含对项目化学习支架体系构建的设想。

第二，项目化学习支架的研究逐渐关注理论与实践的融合。随着项目化学习支架研究的推进，专项研究注重探讨项目化学习支架设计的现实问题，并尝试结合中小学项目化学习内容，构建更加合理的项目化学习支架体系，尝试解决现实问题。

（二）研究不足与展望

一是专项研究较为薄弱，应强化项目化学习支架专项研究的力度和深度。很多研究仅仅把项目化学习支架作为一个研究部分，聚焦项目化学习支架研究的文献数量明显不足,整体研究的力度和深度都呈现出不足。然而,项目化学习支架对项目推进和学习成效影响重大,它本身又包含很多有待挖掘的内容,这就要求学界给予它更高的关注度,强化对项目化学习支架的专项研究,形成更加系统的理论研究成果。

二是研究主体较为单一,应鼓励一线教师参与项目化学习支架研究。项目化学习支架研究主要由一些专业的研究人员开展,缺少中小学一线教师的身影。当前,中小学正在开展各种各样的项目化学习,很多一线教师已经意识到项目化学习支架的重要性和必要性,但他们对项目化学习支架的认识非常模糊,也没有通过深入研究去强化认知,反思实践。因此,专业的研究者需要与一线教师进行有效对话和合作,丰富研究主体,让项目化学习支架研究更贴近根源性问题。

三是研究成果的运用不佳,应充分发挥项目化学习支架研究成果的实践作用。虽然研究者探索了项目化学习支架设计的各种问题,预设了更合理的项目化学习支架体系,总结了科学的实施流程与策略,但这些研究成果基本上停留在经验总结和理论构想层面,并未对中小学开展项目化学习产生深远的影响。今后,项目化学习支架研究应当关注和回应实际问题,更加关注研究成果的实践价值,如指导中小学设计合理的项目化学习支架体系、更加科学地使用项目化学习支架等。

第二节 学习支架的校本化构建与思考

夏雪梅博士从学习素养的视角出发,将跨学科项目化学习界定为:学生在一段时间内对与跨学科相关的驱动性问题进行深入持续的探索,调动所有知识、能力、品质等创造性地解决问题,形成公开成果,形成对核心知识和学习历程的深刻理解,并能够在新情境中进行迁移。跨学科项目化学习对学生的要求较高,学生面临的是更加复杂的需要调动综合学科知识来解决的真实问题,学生在学习中往往会碰到很多困难,这就需要教师实时提供学习支架,帮助学生突破难题,创造性地解决问题。

一、我们对学习支架的理解

(一)学习支架的理论基础

"支架"又称"脚手架",原指建筑工地中保障工程顺利进行的一种辅助性工具。美国心理学家伍德沃斯将"支架"引入教育领域,把"支架"描述为同行、成人或有成就的人在另外一个人的学习过程中所给予的有效支持。维果茨基的最近发展区理论进一步发展了学习支架的理论:学生的学习存在最近发展区,合理使用学习支架可将学生从现有水平提升至可能的发展水平。学习支架是教学过程中的一种辅助工具,学生在学习支架的帮助下完成相关内容的学习且获得提升后,教师便可撤去支架,让学生自主学习。

(二)学习支架的类型

根据分类标准的不同,学习支架呈现出多元性的特点。有研究者根据表现形式将学习支架分为范例、问题、建议、图表和向导等。有研究者从功能角度将学习支架分为情境型支架、策略型支架、资源型支架、交流型支架和评价型支架等。有研究者整合学习支架的功能和形式,聚焦学习支架支持学生挑战最近发展区的定位,将学习支架分为概念支架、元认知支架、学科实践支架、学习实践支架和资源支架。有研究者根据支持来源将学习支架分为教师支架、同伴支架和技术支架。教师支架和技术支架属于外部支架，同伴支架属于内部支架。由教师负责设计技术支架和发挥同伴支架的作用。三种支架各有侧重，相互配合，整合成一个有机的支架体系。

（三）学习支架的应用策略

根据学习的过程，学习支架的应用策略可以分为"搭建学习支架，引导学生进入情境"和"引导学生借助学习支架独立探索，开展合作学习和效果评价"两步。根据学习的需求，可以选用举例说明、提出问题、提出建议、操作指导、图示表格等支架策略。根据学习者在学习过程中面临的认知负荷，可以选用结构化支架策略、模型化支架策略、问题化支架策略、知识化支架策略。

（四）学习支架的内涵

在我们的研究中，学习支架是指学生在完成挑战性任务时，教师根据学生的需要，在适当的时机为学生提供的帮助。在学生解决问题后，教师要及时撤去学习支架，将学习主动权逐步交给学生。

项目化学习强调学生在一段时间内通过对真实且富有挑战性的问题进行持续研究，实现对核心知识的再建构和思维迁移，以发展批判性思维能力、问题解决能力、合作分享能力。因此，结合项目化学习的特征，从学习支架发挥的作用角度，我们将学习支架分为情境型学习支架、策略型学习支架、资源型学习支架、交流型学习支架、评价型学习支架。

二、助力学生学习的学习支架设计

（一）情境型学习支架

情境型学习支架多用于项目启动阶段，教师围绕挑战性问题给学生创设一个真实的问题解决情境，帮助学生理解问题，并引发学生的思考，激发学生解决问题的欲望。教师创设的情境可以是一段富有趣味性与挑战性的任务描述，也可以是有意创设的问题冲突情境。情境要具有真实性、生活性、趣味性和挑战性，既能引起学生探索的兴趣，又能调动学生的认知积极性，还能帮助学生理解问题，梳理思路。

在"探访老城——松江漕运为什么这么发达"子项目学习中,为了让学生了解松江的漕运路线,教师创设了松江漕运繁盛时期的情境。当时的松江城不仅是"赋税甲天下"的鱼米之乡,而且是"衣被天下"的全国纺织业中心,成为东南地区的一大都会。这些有利条件促使松江成为当时全国著名的漕粮中心、漕运中心,每年源源不断往京城运送大批物资。又是一年丰收季,需要从松江运输大批物资北上。学生作为负责漕运工作的小水手,需要沿着漕运路线把贡品运到京城。

(二) 策略型学习支架

策略型学习支架多用于项目实施阶段,学生针对真实且富有挑战性的问题设计解决方案。在设计方案前,教师结合学生可能遇到的问题提供方法指导。在解决问题过程中,教师根据学生的情况选择相应方式方法予以帮助指导,促使学生解决问题。

在"玩转斜塔——天马山里的塔形斜影"子项目学习中,为了让学生对护珠塔有更为全面的认识和了解,教师设计了学习单和思维导图作为学习支架,助力学生深入地了解护珠塔的历史。学习单可以帮助学生有效地收集和整理护珠塔的资料,让学生先思考自己想要了解的内容再着手查找,并完成记录。思维导图可以让学生以直观、清晰的图示形式呈现收集、整理的书面资料。

(三) 资源型学习支架

在项目实施阶段,学生可能会面临资源缺乏、无法继续的情况。为支持学生完成学习任务、实现目标,教师可以给学生提供解决问题的学习资源,包括相关的网络地址、参考书目、多媒体资源,从而提高学生查找资源的效率。教师还可以给学生提供相应的社会资源,提高学生的理解力。

在"行走街巷——老街巷里的文化记忆"子项目学习中,围绕"松江老街巷该如何吸引游客"这一驱动性问题,学生主动了解老街巷,但了解的方式比较单一。教师为学生提供了资源菜单栏,包括图片资源、视频资源、书籍资源等,供学生选择。在制作旅游文化宣传手册时,教师为学生提供了旅游文化宣传手册样例、版面设计等资源,引导学生思考并明确旅游文化宣传手册需要包含的内容。教师还提供了手抄报图样,便于学生后期设计老街巷的旅游文化宣传手册。

（四）交流型学习支架

在整个项目化学习阶段，师生、生生都需要交流和分享。有时，学生通过个人的思考无法找到解决问题的思路，教师可以创造机会让学生来一场头脑风暴，这个时候提供的学习支架就是交流型学习支架。教师需要提前指导学生怎么合作，围绕什么主题进行交流，使用哪些交流的方法、技巧等，使学生在交流互动中分享信息，碰撞观点，找到解决问题的方法。

在"探访老城——松江漕运为什么这么发达"子项目学习中，为了让学生向全校师生推荐松江的营养美食，教师设计了"同心圆"这一学习支架。学生围坐在一起，讨论哪种美食是必须要介绍的内容，哪种美食可以不介绍，并将讨论结果放进同心圆不同的圈层里。在小组讨论结束后，整个项目组进行交流，找到大家公认的需要介绍的美食元素。同心圆填满了，学生也掌握了介绍美食的方法。

（五）评价型学习支架

在整个项目化学习阶段，教师需要为学生提供自评或互评的机会，让学生明确各个阶段的具体任务，反思自己的问题解决方法，从而调控小组和个人的学习进程，顺利达成学习目标。

在"探访老城——松江漕运为什么这么发达"子项目学习中，教师从学生对课程的参与度、学习内容、学生的动手能力、学生的学习态度四个维度，设计了评价型学习支架——评价表。这份评价表从四个维度出发让每名学生对自己参与课程的情况进行评价。借助这张评价表，学生对自己的知识技能、高阶认知和学习素养等进行评价。

表1　"仓城古韵之老桥"课后自评表

评价内容	具体评价
1. 我了解了仓桥老城的相关知识	☆☆☆☆
2. 我掌握了旅游文化宣传手册的设计方法	☆☆☆☆
3. 我完成了小组合作的任务	☆☆☆☆

（续表）

评价内容	具体评价
4. 我能客观评价其他小组的设计	☆☆☆☆
5. 我愿意为宣传松江出一份力	☆☆☆☆

注：涂☆评价，每集齐 10 颗☆，可换取小币一枚。

三、助力学生学习的学习支架运用

在实践中，我们运用了模型化、问题化、知识化三种策略来助力学生进行项目化学习。

（一）模型化策略

模型化策略是指教师通过提供范例支架的方式将学生的思维过程结构化、具象化，促使学生在感知的基础上进行应用迁移。

在"玩转斜塔——天马山里的塔形斜影"子项目学习中，驱动性问题是"怎样让护珠塔保持斜而不倒的状态"。想解决这个问题，学生需要理解建筑的稳固性和力的平衡，但这对小学生来说有点难。于是，教师请项目组的学生自主选择材料，尝试搭建一个斜塔的模型。学生在自主尝试环节大多失败了。教师引导学生一起讨论失败的原因，让学生了解建筑的稳固性和力的平衡。学生自然就理解了。再次尝试搭建时，学生利用矿泉水瓶和雪糕棒成功搭建出了模型。使用模型搭建材料，不仅提升了课堂的趣味性和学生的参与热情，也让学生更好地认识了护珠塔，敢于提出一些保护护珠塔斜而不倒的方法。在实践模拟和试错中，学生体会到了护珠塔倾斜的特殊性和保护的不易，这激发了他们保护文物的意识。

（二）问题化策略

问题化策略是指教师把任务问题化，引发学生深层次的思考，让学生在问题解决中不断提升思维层级。

为了让学生对松江漕运发达有初步的认识，教师提出了一系列的问题，引导学生完成解决驱动性问题的任务。松江漕运的地位为什么这么高？教师引导学生思考松江桥多、河多、物产丰富等与松江漕运的联系,从而让学生提出自己心中的疑问,如"漕运是什么""松江漕运指什么""松江漕运发达的原因是什么""松江漕运的价值和意义是什么"。学生将问题列在问题清单上,组内交流探讨,并在教师带领下筛选出有价值的问题进行集体讨论。

(三)知识化策略

知识化策略是指教师根据学习者的知识盲点和薄弱点提供相关的学习资源,为学习者准确解释、分析问题提供新的信息。

在6个子项目学习中,我们都采用了知识化策略来帮助学生解决相关问题。在了解松江漕运路线时,教师提供了京杭大运河路线图、松江仓城导航地图、大仓桥上说"漕运"、松江区特产专题等资源。在了解仓城老桥的历史和现状时,学生通过现场检索网络资源获得相关知识储备。在制作护珠塔的二维码时,教师提供了制作二维码的教学视频资源,助力学生完成二维码的设计与制作。

四、研究的成效与反思

教师借助学习支架,逐步提升学生的学习能力。随着学生学习能力的提升,教师逐渐撤出相关支架,让学生自己来调控、管理学习过程。这有助于学生成长为自主的学习者。

(一)教师应在深入理解的基础上运用支架

学习支架是指向创造性解决问题的,类型往往是多样的。教师应在理解不同学习支架功能和作用的基础上,掌握更多提供学习支架的策略。教师要让学生在学习支架的指引下进行团队合作和批判性思考,习得更多高阶能力,进而提高学习效率。

(二)教师应基于项目研究系统地设计学习支架

项目化学习的过程是让学习者通过完成一个项目,体会从"未知"到"知"、从"不会"到"会"的循序渐进的过程。教师可以通过设计具有连贯性的子问题来帮助学生解决驱动性问题。教师要在预判学生可能遇到困难的前提下,根据项目的学习目标、学习内容和实施过程,系统地设计整个项目的学习支架,确定好支架类型、何时提供支架、何时撤掉支架。因此,教师要关注支架的整体性,关注学习支架之间的联系,用不同的支架来引导学生解决不同的问题。但教师要明确,所有的学习支架都应指向解决驱动性问题,培育学生的高阶认知能力和核心素养。

（三）教师应把握学习支架运用的"时"与"度"

学习支架有助于学生解决问题,但教师在运用学习支架时也要把握好"时"与"度"。"时"即"适时",包括两方面的含义:一是学习支架应依据学生解决问题的过程而创设,这要求教师有一定的预见性;二是学习支架应依据学生的年龄特征而创设,这要求教师充分了解学情。"度"即"适度"。学习支架应帮助和支持学习者跨越最近发展区,达到潜在发展水平。因此,"适度"也包括两方面的含义:一是要设计适合学生最近发展区的学习支架,教师应了解学生的动态;二是要设计适量的学习支架,留给学生进步的空间,而非用支架束缚学生解决问题的思维。

教师使用学习支架时要有足够的教育机智,能够认真观察课堂情况,了解学生的学习水平,坚持"以学生为中心",在恰当的时机为学生提供有效的支持,并在合适的时机及时撤除学习支架,给学生足够的空间来自主学习,达到"让学生跳一跳摘果子"的效果。这会激发学生的动力,让学生努力运用已有的知识经验来解决问题,增长能力。

第三节 子项目学习支架的设计与运用

一、如何搭建指向学习难点的学习支架

以"玩转斜塔——天马山里的塔形斜影"子项目为例说明。

（一）关键问题

如何搭建指向学习难点的学习支架？

（二）项目与策略

1. 项目简介

基于天马山护珠塔的资源，我们设计了跨学科项目。这个项目以自然学科为主，以语文、信息、美术、劳动与技术学科为辅，由多位教师共同设计，共12课时，在三年级实施。围绕"怎样让护珠塔保持斜而不倒的状态"这一驱动性问题，我们设计了3个子问题。围绕3个子问题，学生深入探索，不仅知道了护珠塔的历史、倾斜的原因，还思考了如何保护护珠塔，为保护家乡的文物贡献力量。

2. 项目中的问题

这个项目的主要学习任务是探寻护珠塔为什么斜而不倒，以及如何进一步保护它，让它永远不会倒。要探索怎么保护护珠塔，学生需要尝试搭建斜塔的模型。在第一次尝试搭建斜塔模型时，学生碰到了困难。因为根据学生现有的认知，他们没办法搭建出一个既倾斜又不会倒下的斜塔模型。虽然在教师的带领下，学生尝试了各种材料，如超轻彩泥、吸管等，但依然没办法搭建出斜塔模型。教师也陷入了沉思：到底该提供什么样的支架，才能帮助学生解决这个问题呢？

3. 学习支架的设计

能否搭建出斜塔模型，其实取决于学生对两个问题的理解：一是原本的护珠塔为什么会倾斜；二是护珠塔倾斜后为什么斜而不倒。为了解决这两个学习难点，教师需要提供三类学习支架，分别是思维导图、模型素材、专家互动资源。

（1）思维导图

为了帮助学生弄清楚为什么斜塔模型搭建不成功，教师有必要引导学生重新梳理思路，了解护珠塔斜而不倒的原因。教师为学生提供了思维导图（见图2）。在思维导图学习支架的帮助下，学生可以全面、清楚地审视自己对护珠塔的认知。

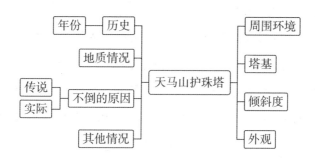

图 2　护珠塔斜而不倒思维导图

（2）模型素材

全面、清楚地审视自己对护珠塔的认知后，学生还需要重新考虑如何选取搭建斜塔模型的素材。到底该选取什么样的素材去搭建斜塔模型呢？教师这个时候提供的学习支架是矿泉水瓶，一方面，这种素材很常见，另一方面，这种素材源于学生的思考和尝试，可以作为"金点子"进行推广。用学生的"金点子"，同伴互相启发和帮助，对学生更有鼓舞性。

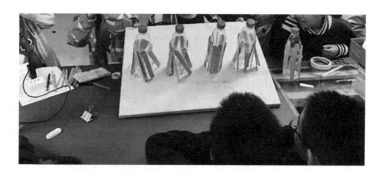

图 3　护珠塔模型搭建

（3）专家互动资源

护珠塔属于文物,相关的管理部门一直在探索如何更好地进行保护。相较小学生,相关专家的探索和思考更加专业。小学生也很想知道,自己提出的保护方案和专家正在采取的保护措施有哪些差异。因此,学校出面邀请了相关管理人员和修缮专家,进校与学生互动。

4. 学习支架的运用策略

结合学生探索的过程,我们按照时间先后顺序提供学习支架。

学习支架一:绘制思维导图,让我们回到最初。

为了帮助学生梳理思路,教师引导学生绘制思维导图,呈现思考过程。学生分组利用思维导图回溯护珠塔的历史,分析护珠塔倾斜的历史原因和地质环境原因。通过进一步检索和整理信息,他们明白了护珠塔倾斜却没有倒下的主要原因——底部加固和塔身加固。

学习支架二:被风吹动的矿泉水瓶让我们有了意外的收获。

在探索过程中,到底该怎么搭建出一个斜塔的模型? 教师和学生对此都是有些困惑的。项目组的学生在校园内看到了一个被风吹动的矿泉水瓶,矿泉水瓶被风吹得倾斜了一点,却没有倒下。学生发现背风的一侧有一根小棍子卡住了,这使得矿泉水瓶保持斜而不倒的状态。于是,学生把这一想法带到了小组内。在充分讨论和尝试后,项目组的学生利用矿泉水瓶、小棒等材料成功搭建了斜塔的模型。

学习支架三:听一听权威的声音,印证心中所想。

斜塔模型搭建成功后,项目组尝试采取保护措施。有的小组将沙土灌注至模型底部,有的小组利用小棒在倾斜的一面加固支架,有的小组利用周围的大树进行拽拉,有的小组综合使用了多种方法……到底哪种方法更好呢? 我们请了相关管理人员,联系了护珠塔修缮专家进校与学生互动,解读护珠塔的实际保护方案。学生在与专家热烈讨论交流后,对自己的保护方案进行了调整和完善。就这样,一份天马山护珠塔的保护方案出炉了。学校还帮忙把保护方案提交给了相关的管理部门。学生的实践成果得到了社会和媒体的热烈关注。

（三）思考与反思

通常情况下，教师会把项目化学习过程中所用到的资源当作学习支架。这些资源中，有些属于学习工具类资源，有些属于学习过程类资源，有些属于学习内容类资源。事实上，只有当学生在学习和探索中遇到了自己无法解决的难题时，他们才需要教师提供学习支架，而这个时候的支架才是真正意义上的指向学习难点的支架。在实践中，教师需要注意以下几点。

一是准确判断学生的学习难点。如学生无法搭建出斜塔的模型，就无法探索如何更好地保护斜塔。因此，学生的学习难点在于斜塔模型的搭建。准确判断学生的学习难点后，教师才能有针对性地提供学习支架，助力学生的学习。

二是透彻把握学生的学习难点。在学生遇到斜塔模型搭建的问题时，教师也一度感到困惑，因为教师自己也尝试了很多办法，都没能取得成功。怎么办？项目组的几位教师聚在一起进行头脑风暴。教师自己先要解决这个难题，才能为学生提供学习支架。

三是注意引导学生自己解决问题。项目组的几位教师透彻把握学生的学习难点后，有教师建议直接告诉学生怎么来搭建，这一想法被其他几位教师否决了。学习难点是学生碰到的困难，怎么解决理应由学生自己主导。因此，学习支架的意义在于引导，而不是告知。

综合上述分析，项目组最终提供的学习支架包括思维导图、模型素材、专家互动资源三类。通过三类学习支架的设计和实施，学生很好地解决了学习难题，探索并提出了斜塔的保护方案。

二、如何合理地构建学习支架

以"行走街巷——老街巷里的文化记忆"子项目为例介绍。

（一）关键问题

对于"如何合理地构建学习支架"这个关键问题，我们认为，当学生在学习过程中遇到自己无法解决的难题时，教师需要提供适量、适度的学习支架，以有效提升学生的学习能力,帮助学生走出困境。

(二) 对学习支架的理解

1. 学习支架的内涵

在项目化学习中,教师要根据学生的需要,在适当的时机为学生提供帮助,在学生解决问题后撤去帮助,将学习主动权逐步转移给学生。其中,适当的时机是指学生经过努力但仍不能解决问题时。学习主动权转移是指在学习过程中,学生从借助教师提供的学习支架进行学习,到逐渐根据自己的需要改进支架进行学习,再到自己构建支架,成为独立的学习者。

2. 学习支架的分类

以表现形式为依据,学习支架可以划分为范例、问题、建议、图表、向导等。以功能为依据,学习支架可以划分为情景型学习支架、策略型学习支架、交流型学习支架、评价型学习支架。以形式与功能为依据,学习支架可以划分为概念支架、元认知支架、学科实践支架、学习实践支架、资源支架。

3. 学习支架的运用原则

学习支架的运用以促进学生学习,帮助学生顺利达成学习目标为目的。教师要考虑支架的有效性,发挥支架的最大功效。教师在设计学习支架、为学生提供学习支架时,应遵循适时性、适度性、适量性、动态性、个性化、引导性、多元性、渐退性等原则。

4. 学习支架的构建策略

结构化支架通过对学习过程的分解和对学习活动空间的设置,限制学习自由度并调控学习方向。结构化支架在表征学习任务的同时能简化任务。

问题化支架通过把任务问题化,在学习过程中引发学生的认知冲突,让学生注意到问题。

知识化支架通常以学习资源的形式提供。教师根据学生的知识盲点和薄弱点提供相关的材料,为学生准确解释、分析问题提供新的信息。

模型化支架为学生提供示范,是促进学生技能发展的途径之一。

(三) 项目化学习支架的设计与运用

1. 项目简介

本项目围绕"松江老街巷该如何吸引游客"这一驱动性问题,以三年级学生为对象,进行实践探究。本项目整合语文、信息、美术学科的概念,与多个学科形成联动。项目设计始终关注"老街巷的文化记忆"这一特点。教师带领学生通过搜索、调查、访谈等获取信息,让学生把相关信息整合成文字稿,并进行口头汇报(配演示文稿),最终形成关于老街巷的旅游文化宣传手册。

2. 学习支架的设计

在解决"如何落实宣传"这一子问题时,教师为学生提供了旅游文化宣传手册、版面设计框架两个概念支架(见图 4),引导学生思考并明确旅游文化宣传手册中需要包含哪些内容。

旅游文化宣传手册的内容	版面设计框架
1. 必须包含的基本信息	1. 必须包含的部分
2. 老街巷吸引游客的因素	2. 版面设计的主题
3. 老街巷中吸引游客的文化特色	3. 想突出的内容
4. 你决定介绍的内容	4. 拟运用的布局形式

图 4　概念支架示例

项目组为这方面知识比较欠缺的学生提供了旅游文化宣传手册样例和手抄报图样(见图 5)两个资源支架。旅游文化宣传手册作为最终的成果,其中包括了美术学科的实践活动,因此,教师还提供了这方面的学科实践支架。

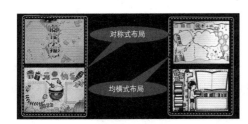

图 5　手抄报图样资源支架示例

3. 学习支架的运用策略

（1）分解学习任务，明确学习目标

对于制作旅游文化宣传手册这一任务，很多学生不知道从何处下手。于是，教师运用结构化支架策略，将这个子问题分解为两个学习任务：（1）明确旅游文化宣传手册应包含的内容；（2）合理地进行版面设计。通过使用这一策略，教师为学生明确了钻研的方向，降低了学生的学习难度。

（2）立足学情，提供精准支架

旅游文化宣传手册虽然比较常见，但学生很少会仔细阅读，对宣传手册中包含的内容印象模糊。所以，教师运用了知识化支架策略，为学生提供了某一景点的宣传手册，请学生通过阅读手册和小组讨论明确宣传手册应包含的内容。

在前期的课程中，学生对松江老街巷有了一定的了解。但把所有的信息都放进去是不现实的，也会显得很杂乱。所以，教师把这一学习任务问题化，以问题的形式引导学生思考，为学生提供了旅游文化宣传手册的概念框架。

在完成这一学习任务的过程中，教师搭建的学习支架、使用的策略与前一个任务大致相同。教师提供事先准备好的宣传手册图样和手抄报图样作为资源支架，让学生在观察和讨论中明确版面设计的内容。

（3）以身示范，促进学生技能发展

动作技能领域的学习很难只通过提供概念支架来完成，学生虽然知道自己最终要达到什么效果，但并不知道应如何达到。在这一学习任务中，具体指学生不了解版面绘制的技巧。因此，教师运用了模型化支架策略，示范装饰花边等的画法，为学生设计版面提供学科实践支架。学生在此基础上自由组合，完成属于他们的版面设计。

4. 学习支架的运用效果

在项目化学习中，教师所提供的学习支架应立足学生的最近发展区，为学生提供有效的帮助。学生借助教师提供的资源支架，能对旅游文化宣传手册和版面设计所包含的内容有一个整体上的认知。教师再通过问题引导形成概念支架，帮助学生明确旅游文化宣传手册中应包含的内容。在讨论中，学生基于自己的体验,确定了宣传手册的文字内容。但在绘制版面时,大部分学生过于依赖教师提供的手抄报图样,只是机械地模仿而没有自己的创新。这意味着教师没有基于学生的最近发展区来构建学习支架,学生没有充分的提升空间,这违背了支架构建的适度性原则。

(四) 反思

在项目化学习中,学习支架的设计在很大程度上影响着学生学习的效果。在学习过程中,教师提供学习支架,让学生的能力从一个层次提升到另一个层次。随着学生能力的发展,教师应逐渐撤出学习支架,转而由学生自己来调控、管理自己的学习,成为自主的学习者。

为了使这一过程更有效地发生,在学习初期,教师应该充分了解学情,然后基于学生现有水平进行拔高,让他们能借助教师提供的脚手架穿越最近发展区。在学习过程中,教师要时刻关注学生最近发展区的变化,及时调整预先设计好的学习支架,以优化学生的学习效果。

虽然在概念层面教师已经有所了解,但是要在学生现有水平上拔高多少,才能让学生相对轻松且有效率地提高自己的能力? 给学生提供怎样的支架才是适量、适度的? 这些问题的答案相对来说还是有些模糊的。教师需要进一步学习,并在实践中不断积累经验。

另外,在项目化学习的过程中,部分教师忽视不同学生认知水平的差异,给所有学生提供了相同的支架。这并不利于学生的发展。如在版面设计时,不同学生技能水平的差异还是比较明显的。为了照顾能力较弱的学生,教师提供了过多的支架,反而限制了其他学生能力的发展。这就要求教师提供更多个性化的学习支架。

三、如何提供学习支架助力学生学习

以"玩转斜塔——天马山里的塔形斜影"子项目为例说明。

(一) 关键问题

在护珠塔的实体保护教学部分,教师引入了二维码技术,学生对此的熟悉和理解程度并不够。因此，教师提出了"如何理解并使用二维码来宣传保护护珠塔"这一问题，并设计了相应的学习支架来帮助学生学习。

（二）对学习支架的理解

维果茨基的最近发展区理论是学习支架的理论基础，合理使用学习支架可将学生从现有的发展水平提升至可能的发展水平。学习支架是教学过程中的一种辅助工具，学生在学习支架的帮助下完成相应内容的学习且获得提升后，教师即可撤去支架，让学生自主学习。

教师要为学生搭建学习支架，引导学生进入情境，独立探索，协作学习，开展评价。教师可以为学生构建起知识的概念框架，分解复杂的学习任务，并提供预设的学习支架，让学生在框架中利用工具自主学习。在学生能力提升后，教师要引导学生自主构建学习支架，解决相应的问题。

（三）项目化学习支架的设计与运用

1. 项目简介

本项目基于学生熟悉的松江本土的文化景观——天马山护珠塔开展教学，让学生共同感受人文历史和生态景观，在不同学科融合的课程中学习有趣的知识，增强学生保护文物的意识，让学生共同参与文物的宣传与保护。

课程对象为小学三年级的学生。课程融合了自然、语文、信息、美术、劳动与技术学科的相关知识。学生有一定的学科基础。本课程共有 12 个课时，根据不同课时内容的特点，请相关学科的教师来设计项目活动并带领学生完成项目内容。

本项目中使用的学习支架包括策略型学习支架、资源型学习支架、交流型学习支架，具体见表 2。

表 2   本项目中使用的学习支架

环节	学习支架	支架类型	设计意图
分析子问题1：护珠塔为什么会斜而不倒	护珠塔探寻之旅学习单	策略型学习支架	帮助学生发现问题，梳理思路，以可视化思维导图的方式呈现思考过程，帮助学生理解和记忆
	思维导图		

（续表）

环节	学习支架	支架类型	设计意图
分析子问题 2：护珠塔为什么仍然在缓慢地倾斜	模型搭建的材料	资源型学习支架	让学生动手尝试，以实践模拟的方法来验证护珠塔斜而不倒的原因，并设计装饰斜塔造型
分析子问题 3：我们能为保护护珠塔做些什么	与二维码相关的阅读和视频材料	资源型学习支架	让学生快速了解二维码在生活中的用途，并将其应用于护珠塔的保护和宣传
项目资源拓展	邀请专家教授和相关管理人员开办讲座	交流型学习支架	从专业的视角解读护珠塔的倾斜与保护情况，解决学生的问题，为学生进一步完成护珠塔保护方案提供思路

2. 在项目中如何设计学习支架

以第 9 至 10 课时为例，教学的内容是"生活中的二维码"和"护珠塔音频资料二维码"，借助的学习支架是以阅读和视频材料为主的资源型学习支架。

在第一轮教学中，教师没有使用学习支架进行教学，因此发现了比较多的问题，具体包括：学生对二维码的认识不足；提前讲解相关知识对学生制作二维码的帮助不大，学生仍然存在较多问题。在第二轮教学中，教师利用学习支架辅助教学，以解决上述问题。

其一，为了让学生了解二维码在景区中的应用，教师创设了一个易于学生理解的二维码使用情境，使用幻灯片演示，利用图片和讲解把学生带入情境。教师带领学生参观不同景点并总结其相似之处，如都设置了二维码。教师希望引导学生探究二维码与我们日常生活的联系。

其二，教师为学生提供相关阅读材料的学习支架，让学生自主认识二维码。教师让学生着重对感兴趣的部分进行阅读了解，加深学生对二维码的认识。个性化阅读的设置也可以压缩课堂共同学习的时间。

在教师的引导下,学生将二维码与保护护珠塔相联系,一起制作二维码,用于宣传保护护珠塔。在教师提供制作二维码的教学视频学习支架后,学生以小组的形式分工讨论并完成内容的设计与制作,及时回顾制作步骤并明确要点。最后,教师与学生交流他们的二维码成果,并总结课程内容。

3. 在项目中运用上述学习支架的策略

一是创设学习情境。基于子问题3,教师创设了参观护珠塔等景点的情境,让学生基于这些情境展开学习,更好地融入课堂,多思考。

二是自主阅读与提问相结合。通过教师提供的与二维码相关的阅读材料形式的学习支架,学生发现并自主探究景区与二维码的关系。之后,学生相互提问,了解二维码在生活中的用途并深化自己的理解。

三是在小组合作中穿插支架的使用。教师引入了二维码制作视频形式的资源型学习支架。在小组完成制作的过程中,学生利用学习支架自主寻找答案,完善制作思路,提升学习效率。在之后的课程中,学生将二维码与文创书签结合,形成了一份别有新意的护珠塔文创书签,呼吁大家一起保护护珠塔。

4. 学习支架在项目化学习中呈现的效果和发挥的作用

本项目中的资源型学习支架包括实体模型材料和文字、视频素材,能够有效吸引学生参与,学生亲身实践往往比教师讲解来得更有用。学生的想象力很丰富,制作的模型也各具特色,还设计出了保护护珠塔的方案。虽然二维码制作有一定的难度且比较耗时,但学生还是能认真完成,最后制作的文创书签兼具内涵和美感。

本项目化学习中使用的交流型学习支架比较权威,受到了学生和教师的重视。学生在听讲和问答环节都非常认真,提问也很精彩,得到了专家学者的一致认可。在专业人员的辅导下,学生的保护方案进一步完善。

因此,学习支架在项目化学习中发挥了很大的作用,帮助学生提高了能力。

(四) 反思

学习支架并不是一个全新的概念,虽然师生在工作、学习中经常能遇到,但真正落实和深度应用还是在本次项目化学习中。

学习支架是教学环节中的辅助工具,教师需要考虑学生是否易于接受和使用,以及如何将学习支架融入教学环节。针对不同水平的学生,教师可以进行不同的设计,可以在普适性的基础上延伸到个性化学习支架的研究和使用。

在单一学科的学习中,教师可以在学生达到相应水平后撤去学习支架,帮助学生总结思路和方法。在跨学科的学习中,由于学生遇到的问题和学习的内容是不同的,而且是多学科融合的,学习支架并不会在学生项目化学习的过程中重复出现。所以,教师要使用学习支架帮助学生达到思维和能力层面的提升。这对教师的考验也是巨大的。

四、如何有效利用学习支架解决学习难题

以"探访老城——松江漕运为什么这么发达"子项目为例说明。

(一) 关键问题

在历史上,松江仓城一带是全国著名的漕运中心,产粮丰富,赋税甲天下。如今,随着人口的迁移和城市的变迁,松江作为漕运中心的地位发生了变化,但松江漕运的历史价值和现实意义都不容忽视。我们如何将当时的漕运盛景再度呈现出来,进一步推广松江漕运文化以便让更多人了解呢?

以学校艺术节的情景剧展演活动为契机,我们以项目化学习为依托,以"如何呈现松江漕运盛景并进一步推广松江漕运文化"为驱动性问题,鼓励学生运用艺术作品来反映特定时代的社会风貌,投入项目化学习。

(二) 对学习支架的理解

"支架"原指工地上的辅助工具,后由美国心理学家伍德沃斯引入教育领域,指在学习中给予学生有效支持。在教育领域,学习支架是指在项目化学习中,教师根据学生的需要,在适当的时机为其提供帮助,并在问题解决后撤去帮助。学习支架具有多种类型,如情境型学习支架、策略型学习支架、资源型学习支架。

学习支架不同,其使用策略也不同,常见的使用策略包括举例说明、提出问题、提出建议、操作指导、图示表格等。教师可以在具体的项目化学习过程中灵活选择和运用。

（三）项目化学习支架的设计与运用

1. 项目简介

本项目依托松江作为"上海之根"的有利条件，挖掘优秀历史文化资源融入课堂。项目组充分挖掘老城内部的优势资源，立足仓城作为古时漕运中心这一有利条件，衍生出项目化学习主题"探访老城——松江漕运为什么这么发达"。本项目吸纳了音乐、语文、数学、美术、英语学科的教师参与，旨在探寻松江漕运的历史价值和现实意义，增强学生对家乡的热爱之情和保护意识。

2. 在项目中如何设计学习支架

在本项目的实践过程中，教师及时关注学生的学习状态，在必要且适当的时机为学生提供有效的学习支架（见表3）。

在入项阶段，教师主要运用了交流型学习支架和情境型学习支架，帮助学生理解漕运的内涵以及松江漕运的历史价值和现实意义。学生积极融入学习情境，主动了解松江漕运的历史，通过团队合作再现繁华的漕运场面，推广和宣传家乡漕运文化。

在项目实施过程中，教师为学生提供了必要的学习资源，包括古籍中的松江漕运、已有的媒体资源等，教给学生更多的学习方法。此外，教师还提供了策略型学习支架来帮助学生理解漕运路线。

表3 项目化学习支架的设计与运用

学习支架类型	项目阶段	运用方式
交流型学习支架	入项	提问，交流
情境型学习支架	入项	创设真实情境，引出学习任务
资源型学习支架	项目实施： 分析问题：松江漕运为什么这么发达 分析问题：松江漕运盛景是怎样的	提供古籍、网站等学习资源

（续表）

学习支架类型	项目阶段	运用方式
策略型学习支架	项目实施： 分析问题：松江漕运盛景是怎样的？ 分析问题：如何通过情景剧再现松江漕运盛景	操作指导,学习看地图,使用导航工具来绘制地图,呈现松江漕运路线,鼓励学生进行头脑风暴,思考展示松江漕运盛景的方式

3. 在项目中运用上述学习支架的策略

（1）在入项阶段,教师提供交流型学习支架和情境型学习支架

在课堂中,教师提出问题:为什么松江的漕运地位这么高？松江漕运为什么这么发达？学生大多知道松江桥多、河多、物产丰富,但不理解这些知识与松江漕运的联系。教师借此引导学生提出自己心中的疑问,如"漕运是什么""松江漕运指什么""松江漕运发达的原因是什么""松江漕运的价值和意义是什么"。学生将问题列在问题清单上,组内交流探讨,并在教师带领下筛选出有价值的问题进行集体讨论。

在交流探讨的过程中,教师引导学生思考"如今,松江漕运中心的地位已不复存在,我们是否还有了解的必要"这一问题,让学生认识到松江漕运的重要地位和价值。接着,教师引出真实情境和挑战性任务:学校艺术节的情景剧展演活动即将举行,我们可以组织一场再现松江漕运盛景的情景剧展演,让更多的人了解松江漕运。

（2）在项目实施过程中,教师提供必要的资源型学习支架

在入项阶段,学生已经初步理解了松江漕运发达的原因,如地理优势、物产丰富等。在此基础上,教师提供资源型学习支架,带领学生针对子问题开展学习活动。

教师在课堂上借助多媒体资源呈现明清时漕运兴、仓城筑、商业盛的画面,加深学生对松江漕运地位和场面的了解。教师提供古籍、网站等必要资源,鼓励学生深入了解松江漕运的盛景。明代的松江城不仅是"赋税甲天下"的鱼米之乡,而且是"衣被天下"的全国纺织业中心,成为东南地区的一大都会。物产丰富

的松江内还有河流众多的仓城。这些有利条件促使松江成为当时全国著名的漕粮中心、漕运中心,每年源源不断往京城运送大批物资。教师提供资源型学习支架,帮助学生通过影像、古籍、网站等资源了解古时候松江仓城一带的漕运盛景:河流上千帆竞发,浩浩荡荡,伴随着人们的欢呼声和船号声,漕船沿着航线启程了。

(3)在项目实施过程中,教师提供相关的策略型学习支架

教师指导学生运用一定的策略来更好地完成任务,如分工合作、搜集和利用信息、学习信息的加工处理等。在剧本创编、路线绘制、特产搜集、船歌创编等环节,教师鼓励学生进行头脑风暴,思考如何更好地创编情景剧、编唱船歌、撰写推广语等。

4. 学习支架在项目化学习中呈现的效果和发挥的作用

在学习支架的引领下,学生能够通过自主探究、小组合作来解决问题,提出自己的想法。在小组内部交流时,学生能够提出有价值的问题并试着解决问题。教师提供情境型学习支架后,学生更是兴趣盎然,主动投入其中,争当小水手,合作寻找路线图,搜集物资特产,齐唱船歌。如此,便产生了一场绘声绘色的情景剧——《松江漕运》。在情景剧中,学生不仅介绍了松江漕运的内容和价值,还进一步推广了松江漕运,增强了对家乡的热爱之情。

(四)反思

其一,学习支架是教师关注学习过程、为学生提供有效学习支持的一种方式。教师需要对整个项目有充足的了解和构思。在项目设计环节,教师应该明确学习的目标,从目标出发分解任务,为学生提供必要的脚手架。这样,学生就能在学习过程中不断成长,最终达成目标。

其二,学习支架的使用是灵活的,这就要求教师有足够的教育机智,能够观察课堂和学生学习情况,坚持"以学生为中心",在恰当的时机为学生提供有效的支持,并在合适的时机及时撤除学习支架,给学生足够的空间来自主学习。这也会激发学生的动力,让学生进一步运用已有的知识经验来解决问题。

其三,学习支架是指向创造性问题解决的,教师要掌握更多的提供学习支

的策略,让学生在学习支架的指引下进行团队合作和批判性思考,提高创新创造能力,习得更多高阶能力,从而有效学习。

五、如何有效利用学习支架激发学习兴趣

以"鱼米之乡——小小营养师"子项目为例说明。

（一）关键问题

如何利用学习支架让学生了解、热爱家乡美食,并能向全校师生推荐松江的营养美食?

（二）对学习支架的理解

学习支架是在学生现有水平与潜在发展水平之间搭建的脚手架,具有引导学生进入课程、了解学生需求、为学生提供有针对性的帮助、协助学生内化知识的功能。

学习支架的类型很多,从表现形式角度来划分,包括范例、问题、建议、指南、向导、表格、图表等;从功能角度来划分,包括概念支架、元认知支架、资源支架等。

（三）项目化学习支架的设计与运用

1. 项目简介

本项目重点关注饮食文化,积极挖掘松江美食文化资源,以爱国主义为核心,有序地进行中华优秀传统文化教育。本项目涉及语文、数学、美术、道德与法治学科,由多位教师共同参与,共计 12 课时。本项目将驱动性问题"如何才能让全校学生对挑食行为说'不'"分解成 3 个子问题,旨在培养学生良好的饮食行为习惯,增强学生对粮食生产者、劳动者的感恩之心,让学生学会珍惜粮食。

2. 在项目中如何设计学习支架

一年级学生的认知水平处于启蒙阶段,尚未形成完整的知识结构体系。该年龄段的学生以形象思维为主。大部分学生具备了听、说的基本能力,但是说话条理性不强,句子表达不完整。如何让这个年龄段的学生向全校师生推荐松江美食? 这是我们在解决子问题时遇到的主要难题。为了突破难题,教师在课程

中使用了资源型学习支架、情境型学习支架和策略型学习支架。

3. 在项目中运用上述学习支架的策略

在课程伊始，教师为学生播放了一段视频，介绍松江的美食。教师通过资源型学习支架引导学生回顾上节课的学习内容，同时激发学生的学习兴趣。紧接着，教师借助情境型学习支架，让学生向全校师生介绍松江美食，成为"松江美食推荐达人"。最后，教师使用了策略型学习支架，让各小组利用收集到的材料撰写美食推荐语。教师在黑板上出示同心圆（见图 6），给每个小组分发了美食介绍元素，并说明了游戏规则：美食介绍元素离同心圆的圆心越近，说明它越重要。学生在小组讨论交流后，将美食元素放进同心圆。最后，学生根据美食介绍同心圆这一学习支架，重新组织本组的美食推荐语，并推选一位代表，介绍本组推荐的松江美食。

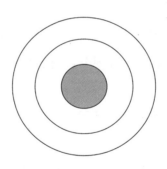

图 6　同心圆学习支架设计

4. 学习支架在项目化学习中呈现的效果和发挥的作用

学生通过教师提供的资源型学习支架，进一步了解松江美食。这有效提高了学生的学习效率。情境型学习支架的使用，增强了学习内容的吸引力，让学生主动表达真实感受。在学习支架的引领下，各小组成员明确了分工和职责，将关键的美食要素整理出来，同时提炼美食元素，组织语言来向全校师生推荐松江美食。一年级学生的识字量有限，口语表达也存在着很多限制，这一学习支架让学生有了一个抓手，激活了学生的思维，有利于增强学生的求知欲和探索欲。

（四）反思

在使用学习支架时,教师要充分考虑不同水平的学生能否适应。学习支架要降低学生接触新知识的台阶并让学生产生进一步学习的动力,主动提升学习能力。

支架式教学应建立在充分尊重每位受教育者的学习起点的基础上,"教"始终围绕"学"来开展,因此,有效的板块设计、明确的教学目标、简明的教学结构显得尤其重要。

总之,教师应根据学生的需要搭建学习支架,并考虑支架的适时性、适度性以及个性化,这样才能让每名学生都有所收获。虽然学习支架的作用显著,但并不是让学生永远都依靠拐杖的支撑来走路,最终目的还是希望学生能够摆脱对学习支架的依赖,实现能力的提升。因此,教师应该适时地减少支架或者拆除支架,使学生学会学习,提升能力。

六、如何有效利用学习支架解决驱动性问题

以"衣被天下——小小服饰设计师"子项目为例说明。

（一）关键问题

在项目化学习中,为了获得理想的教学效果,教师往往会使用学习支架。学习支架不仅可以更好地帮助学生完成活动任务,还可以让学生跨越最近发展区,达到潜在的发展水平。支架的运用在教师的教学中很常见,但教师还应思考如何更科学地设计学习支架,使其更有效地发挥作用。

（二）对学习支架的理解

心理学家维果茨基提出了最近发展区理论。他认为,学生的发展有两种水平:一种是学生现有的水平,另一种是学生可能的发展水平,两者之间的差距就是最近发展区。维果茨基的最近发展区理论与学习支架研究密切相关。从学习支架的角度思考,就是要帮助和支持学习者跨越最近发展区,达到潜在发展水平。

伍德沃斯、布鲁纳和罗斯于20世纪70年代提出脚手架的概念。他们认为，尽管在生命最初的几年里，儿童是一个天生的问题解决者，但通常的情况是，他们得到了比他们更熟练的人的帮助和支持。这种帮助和支持通常可以称为学习支架，而学习支架能够帮助儿童或新手解决问题、执行任务或达成目标。所以，在项目化学习中，教师应根据学生的需要，在适当的时机为学生提供帮助，在学生解决问题后撤去帮助，将学习主动权逐步转移给学生。

学习支架设计是指把一系列的指导原则和策略整合到一个结构框架中。尤其是在以学生为中心的项目化学习中，教师更需要为学习困难者提供一系列的支持和帮助，供其投入一个新的活动时使用。设计环节可以分为问题设计、内容设计、学习环节设计和认知活动空间设计。

1. 问题设计

教师要把项目化学习的问题转化为学生的认知冲突，利用学习支架为学生提供丰富的情境信息，支持学生在已有认知图式与问题情境之间建立关联，促进学生对问题的解读和表征。

2. 内容设计

学生在解决问题的过程中需要整合不同领域的知识。教师应根据学生解决问题的需要，有选择地组织学科知识，设计学习支架，强调支架内容对问题解决的针对性。

3. 学习环节设计

问题解决体现了认知活动的连续性和循序渐进性，一般可划分为问题表征、问题解决方案生成与论证、方案实施、监督与评价等环节。教师应结合学生的学习过程结构化设计学习支架，并有序安排问题解决过程中的各个阶段及各种认知活动。

4. 认知活动空间设计

教师可以针对项目化学习过程中的主要认知活动设计活动空间，如设计讨论区。教师还可以设计评价反馈工具、实时交互工具、表征工具、制品的比较和修改工具等。

（三）项目化学习支架的设计与运用

1. 项目简介

本项目重点研究"衣"主题下服饰的色彩搭配、服装设计、传统文化、生活习俗等。本项目针对小学二年级的学生进行设计，总课时数为 10 课时，其本质问题为"场合与服饰的关系是什么"，驱动性问题为"在不同场合下如何选择恰当的服饰"。教师通过真实的场景导入，让学生在场景中感受不同的场合所对应的服饰搭配，了解服饰搭配背后的设计、文化、习俗等方面的知识。

该项目可以充分发挥学生的想象力，锻炼学生的设计能力和参与生活决策的能力，同时能激发学生对服饰文化的兴趣。

2. 在项目中如何设计学习支架

在项目化学习过程中，活动前的教学设计尤为重要，而项目化学习支架往往以静态支架的形式嵌入学习环境。

本项目的入项课设计为 1 课时，教师主要带领学生探讨服饰的意义，以及为何要进行服饰搭配。考虑到二年级学生的平均年龄较小，对一些概念性的知识接受能力较差，教师设计了情境型学习支架、资源型学习支架和交流型学习支架三种类型的支架。

表 4　项目具体环节中的支架设计

教学环节	教师活动	支架类型	支架设计意图
活动导入	教师出示升旗仪式的照片，请学生指出照片中有哪些不和谐的地方。教师小结：服饰与礼仪有着密切的联系。人类穿衣服不仅是为了遮羞、保暖，还有彰显身份、表达情感等作用。	情境型学习支架	在设计该学习支架时，教师将情境设定为学校每天晨间的升旗仪式。该情境贴合学生的生活，有助于学生学习和思考。

（续表）

教学环节	教师活动	支架类型	支架设计意图
活动推进	1. 教师出示工作人员做工作报告的图片。 2. 教师出示公司领导穿着西装参加签约仪式的照片。 3. 教师出示两幅穿着不合时宜的图片：(1)一个妇女穿着睡衣上街；(2)一个男子穿着背心和短裤进酒店用餐。 4. 教师请学生分组讨论：我们在生活中会遇到哪些场景？	1. 资源型学习支架 2. 情境型学习支架 3. 交流型学习支架	教师通过不同的例子，为学生讲述服饰搭配的重要性。在为学生补充相关知识时，教师对资源型学习支架进行了筛选，主要选用了情境型学习支架。这有助于吸引学生的注意力。在讲解过程中，教师通过交流型学习支架，让学生各抒己见，为学生答疑解惑，从而帮助学生理解本项目要研究的驱动性问题。
总结提升	教师对学生的讨论结果进行总结提升，总结出最具代表性的四种场合。	交流型学习支架	总结提升环节的主要任务是带领学生总结出日常生活中常见的几种服饰搭配场合。在教师的带领下，学生将驱动性问题转化为若干子问题。教师主要采用的是交流型学习支架。在教师和学生热烈的讨论中，学生闪现了智慧的火花。

3. 在项目中运用上述学习支架的策略

在项目启动阶段，教师在介绍项目设计意图后，为学生呈现了一张有关升旗仪式的照片。照片中的小朋友有的穿着合适的校服，有的穿着与季节不相符的校服，有的穿着运动装，有的穿着中国传统的汉服。这样一个来自学生真实生活的情境，可以增强学习内容的吸引力，激发学生的学习兴趣和社会责任感。情境型学习支架旨在引导学生在生活中观察、发现、思考需要解决的问题，并提出驱动性问题。师生在交流后提出问题：在这张照片中，哪些小朋友的穿着是适合参加升旗仪式的呢？师生讨论后，确定了本次项目化学习的驱动性问题——在不同场合下如何选择恰当的服饰。

4. 学习支架在项目化学习中呈现的效果和发挥的作用

与传统的课堂不同，项目化学习是一种新颖的学习方式，能够给师生带来不同的学习体验。在学生的学习过程中，仅有真实情境是不够的，学习支架的引导和支持同样重要。学习支架能引导学生在复杂、真实的情境中深入地开展学习，进而产生更深刻的见解，获得更好的学习效果。

在项目化学习中，教师为学生提供了卡纸、印好轮廓的矢量图等工具，帮助学生完成任务。本次项目化学习过程中不同类型学习支架的使用对学生之后的独立学习也具有一定的引导作用。在必要的时候，学生可以通过各种途径寻找或构建学习支架，促进自己的学习。

(四) 反思

在进行项目化学习设计时，教师需要把每个环节都做实做细，搭建好设计支架，让学生亲历项目式探究过程，提高学生的科学素养。项目化学习支架的主要作用是为学习者呈现问题和提供内容，增强新旧知识的关联；使学习者的学习过程和思维结果可视化，促进学习者主动反思；为学习者提供向他人学习的工具和环境，促进学习者相互学习。项目化学习支架的形式较为多样，根据其来源，主要分为教师支架、技术支架和同伴支架。三种支架各有侧重，相互配合，整合成一个有机的支架体系。以技术支架为基础，创设学习过程结构和认知空间，提供规则性较强的学习支架，能最大限度地降低学习者的认知负荷，减轻教师的负担。以教师支架为主导，教师掌控技术支架的应用并参与到学习者的学习过程中，引导学习者的学习活动，同时，发挥同伴支架的内部驱动作用。

七、如何引导学生自主运用学习支架

以"探访老城——松江漕运为什么这么发达"子项目为例进行说明。

(一) 关键问题

在这个子项目学习的过程中，学生对仓城历史文化风貌区有了一定的了解。

学生通过视频、照片以及实地探访得知松江永丰街道宣传处想要对这片区域进行修整和改造,便想为宣传出一份力,为仓城地区的老桥设计一份旅游文化宣传手册。所以,本课时的关键问题就是如何制作这份旅游文化宣传手册,让更多的人了解仓城地区,了解历史悠久的仓城老桥。

(二) 对学习支架的理解

"支架"一词最早使用在建筑学中,后来这个术语也被用来描述同行、成人或有成就的人在另外一个人的学习过程中所施予的有效支持。在实践中,教师要在学生完成新的或者困难的任务时,为他们提供有效的帮助,并在适当的时候撤去这样的帮助,使学生掌握学习的主动权。

教师要为学生构建起知识的概念框架,并提供学习支架,让学生在概念框架中利用工具自主学习,并在能力提升后,主动构建学习支架,解决相应的问题。

(三) 项目化学习支架的设计与运用

1. 项目简介

项目组积极挖掘松江老城内部的优势资源,立足仓城历史风貌区中的四大特色——老桥故事多、漕运粮仓丰、民居名人多、名产特产赞,让学生进行小组合作,分别学习展板资料袋里的内容并完成任务单上的内容,感受松江老城的魅力,感受松江历史文化遗留下来的瑰宝。本项目主要吸纳了音乐、语文、数学、美术、英语学科的教师参与,共计 14 课时。其中,"仓城古韵之老桥"占 1 课时。

2. 在项目中如何设计学习支架

表 5　项目具体环节中的学习支架设计

学习支架	支架内容	设计原因
资源型学习支架	视频、照片、文献	了解仓城地区的历史、老桥的历史和现状
情境型学习支架	组建宣传组,选出组长、组员	借助永丰街道宣传处修整和改造仓桥地区的机会,为宣传工作出一份力
学习型学习支架	古镇景区旅游文化宣传手册	了解旅游文化宣传手册的样式及其组成部分,知晓制作注意事项

（续表）

学习支架	支架内容	设计原因
策略型学习支架	任务单、分工职责表	明确各组要宣传的老桥名称、学生在小组中的分工
评价型学习支架	评价表	小组成果互评，组员自评

3. 在项目中运用上述学习支架的策略

在使用资源型学习支架时，通过观看视频、观察照片和学习文字内容，学生对仓城地区有了一定的了解，并产生了去实地游览的想法。为此，学生利用网络搜集游览路线。在搜索路线的过程中，学生发现各大旅游网站对仓城地区的介绍少之又少，可见网络上对这个地区的宣传不足。

借助永丰街道宣传处修整和改造仓桥地区的机会，教师设计了情境型学习支架，呼吁学生组建宣传组，为仓城地区的宣传贡献自己的力量。

学生通过商讨，最终决定为仓城地区的几座老桥设计一份旅游文化宣传手册。教师提供了学习型学习支架——几份真实的景区宣传手册，让学生从真实的宣传手册入手，了解宣传手册的组成部分和制作要点。

在制作宣传手册时，教师为学生提供了策略型学习支架。组员通过教师提供的策略型学习支架明确了自己的工作和小组的宣传任务，并着手进行宣传手册的设计和制作。

在成果交流会上，小组相互评价设计成果。教师有效地提供了评价型学习支架——评价表。这份评价表从课程的参与度、学习内容、动手能力、学习态度出发，让每名学生对自己参与课程的情况进行评价。

4. 学习支架在项目化学习中呈现的效果和发挥的作用

在资源型学习支架的帮助下，学生通过视频了解了仓城地区的基本情况。学生自主上网查阅松江仓城旅游攻略时，知道了各大旅游网站对仓城地区宣传力度不够的情况。

教师以仓城历史文化风貌区的改造为契机，借助永丰街道宣传处的平台，提供情境型学习支架，呼吁学生组建宣传组，为仓城地区的老桥设计宣传手册。

在学习型学习支架的引领下,学生了解了宣传手册的组成部分,并知晓了宣传手册制作的具体要求和注意事项。

在策略型学习支架的牵引下,每位组员明确了自己的分工和职责,合力制作宣传手册。完成制作后,各小组汇报制作的结果,说明本组的设计思路,并从宣传手册制作注意事项的角度出发,针对其他小组的设计提出修改建议,同时对自己本次课程的参与情况进行评价。

(四) 反思

学习支架在整个项目化学习的过程中发挥着非常重要的作用。原先固定的授课模式被打破,教师需要精心设计学习支架,引导学生自主完成学习任务。这对教师的要求比较高。首先,教师必须了解学生现有的水平和想要达到的水平,才能有针对性地为学生提供帮助。其次,教师要适时提供学习支架,太早或太晚提供学习支架都不合适。最后,因为学生的认知水平存在一定的差异,教师应设计多样化的学习支架,供不同能力水平的学生选择。也许,在之后的学习过程中,能力强的学生会根据自己的需要来改造或搭建学习支架,成为独立的学习者。

八、如何利用学习支架形成学习成果

以"寻根究底——广富林文化遗址里的'根文化'"子项目为例说明。

(一) 关键问题

如何让学生了解松江的历史文化,并制作一本松江历史文化名人宣传手册。

(二) 对学习支架的理解

学习支架就是维果茨基社会文化学说中的脚手架。教师帮助学生搭建的脚手架是与最近发展区密切相关的。只有根据学生的最近发展区搭建的脚手架才能有效促进学生的发展。

不同水平的学生需要不同的学习支架。学习支架重在引导学生,而不是给出答案或替代学生完成。当学生能够承担更多的责任时,支架就要逐渐移走,给学生更多的意义建构空间。

曹恒来在"基于活动理论的信息技术学习活动设计与实施"专题讲座中对学习支架进行了概述。从支架的目的来看,学习支架可以分为接收支架、转换支架、输出支架。从支架的表现形式来看,学习支架可以分为范例、问题、建议、指南、图表等。除了这些可设计的支架外,支架还有更为随机的表现形式,如解释、对话、合作等。

（三）项目化学习支架的设计与运用

1. 项目简介

项目组积极挖掘松江传统文化资源,以爱国主义为核心,进行中华优秀传统文化教育。该项目主要涉及语文、信息、美术学科,共 12 个课时。

乡土文化校本课程"松江为何被称为'上海之根'"的开发具有一定的必要性。它是学生了解家乡的基础,是学生全面发展的重要途径,是对学生进行思想教育的重要资源。

特色课程是学校实现特色化办学的重要载体。乡土文化校本课程"松江为何被称为'上海之根'"的开发紧紧围绕松江本地文化资源,既能增加学生对松江地域文化的了解,也有利于形成学校的特色。

2. 在项目中如何设计学习支架

在本项目的学习中共运用了四种学习支架,分别为接收型学习支架、转换型学习支架、输出型学习支架和范例型学习支架。

接收型学习支架旨在引导学生关注重要的信息,帮助学生整理、筛选、组织和记录信息,提高学生收集信息的效率。

转换型学习支架旨在帮助学生转换所获得的信息,促使学生在课堂上内化、交流和研讨相关内容,使所学的知识更为清晰、易于理解,或使劣构的信息结构化。

输出型学习支架旨在帮助学生将学到的、理解到的、创建的东西转化为可见的事物,如电子文档、演示文稿等,让学生在创造或制作学习产品时遵循特定的格式。

范例型学习支架旨在为学生呈现规范的支架,引导学生更好地呈现学习成果。范例是符合学习要求的学习成果(或阶段性成果),往往包括特定主题学习中最重要的探究步骤或最典型的成果形式。好的范例在技术和主题上都会对学生的学习起到引导作用。

3. 在项目中运用上述学习支架的策略

本项目一共介绍了松江八位历史文化名人,最后制作出一本宣传手册,每节课都介绍一位松江历史文化名人。具体策略如下:一是情境导入,明确任务。教师提前给学生布置学习任务,学生分组合作,了解历史文化名人的相关信息。二是收集资料,制定方案。教师引导学生收集相关资料,制定学习方案。这里运用了接收型学习支架,帮助学生整理、筛选、组织和记录松江历史文化名人信息,引导学生关注重要的历史文化名人信息,提高学生收集信息的效率。三是点拨引导,过程检查。教师展示自己准备的相关内容,补充学生没有收集到的内容。这里运用了范例型学习支架。教师要求学生通过制作幻灯片来介绍历史文化名人前,从学生的视角出发制作了范例。好的范例在技术和主题上都会对学生的学习发挥引导作用。范例展示可以避免拖沓冗长或含糊不清的解释,帮助学生较为便捷地达成学习目标。四是自主协作,具体实施。教师请学生介绍收集到的历史文化名人相关知识。这里运用了转换型学习支架,帮助学生转换所获得的历史文化名人信息,促使学生在课堂上内化、交流和研讨相关内容,使所学的知识更为清晰、易于理解,或使劣构的信息结构化。五是展示成果,修正完善。学生可结合教师的点评,完善自己的资料。六是评估检测,拓展升华。教师先对各小组的展示成果进行细致的评估与检测,再全面总结本节课的重点知识。在此基础上,教师通过制作松江历史文化名人宣传手册这一实际任务,引导学生把知识转化为具体成果。在这一过程中,输出型学习支架发挥了关键作用,促使学生把知识学习与自己的创意融为一体。

4. 学习支架在项目化学习中呈现的效果和发挥的作用

学生能够通过收集资料、小组合作等方式来了解松江历史文化名人的相关信息,提高了自主学习的能力。通过接收型学习支架,学生学会了整理、筛选、组织和记录松江历史文化名人信息,能够关注重要的历史文化名人信息,提高收集信息的效率。通过范例型学习支架,学生学会了从不同的方面介绍松江历史文化名人,从而较为便捷地达成学习目标。通过转换型学习支架,学生学会了转换所获得的历史文化名人信息,并在课堂上内化、交流和研讨相关内容,使所学的知识更为清晰、易于理解,或使劣构的信息结构化。通过输出型学习支架,学生学会了将学到的、理解到的、创建的东西转化为松江历史文化名人宣传手册。

项目组不断丰富学生的文化知识结构,提升学生的文化素养,帮助学生形成正确的文化价值观。通过对松江历史文化名人的了解,学生对松江产生了浓厚的归属感和热爱之情,对家乡的历史文化有了更深的认同感,从而积极传承松江本土的优秀文化。

(四) 反思

在项目化学习的过程中,我们有了更多的思考。支架式教学模式强调以学生为中心,不仅要求学生由外部刺激的被动接受者和知识的灌输对象转变为信息加工的主体、知识意义的主动建构者,而且要求教师由知识的传授者、灌输者转变为学生主动建构意义的帮助者。因此在探索开始前,教师就要对学生进行启发引导,让学生在学习中分析问题。在探索的过程中,教师可以适时提示学生,让学生沿着语言框架逐步攀升。接着,教师要慢慢放手,让学生独自去探索。

支架式教学模式认为,学习者与周围环境的交互作用,对学习内容的理解(即对知识意义的建构)起着关键性的作用。学生在教师的组织和引导下,一起参与讨论和交流,共享智慧。通过协商与讨论,学生的语言使用量提高了,原来多种意见相互矛盾而且态度纷呈的复杂局面逐渐变得明朗一致起来。学生在协作学习的基础上实现了对当前所学知识比较全面、正确的理解与运用,并最终完成了对所学知识的意义建构。

学习支架使得学习情境能够以保留了复杂性和真实性的形态被展示和体验。离开了学习支架,一味强调真实情境的学习是不现实、低效率的。学习支架让学生经历了一些更有经验的学习者(如教师)所经历的思维过程。这有助于学生体悟与理解知识(特别是隐性知识)。学生通过内化支架,可以获得独立完成任务的技能。学习支架能让学生在不能独立完成任务时获得成功,能帮助学生认识到自身潜在的发展空间,对学生日后的独立学习具有重要的引导作用。在必要的时候,学生可以通过各种途径寻找或构建学习支架来支持自己的学习。

综上所述,在项目化学习支架的设计与运用中,教师要有效地发挥学生的主体作用,通过师生互动,提高学生的学习效率。教师还可以根据课型、学生特点采取相应的措施,调动学生学习的积极性、主动性和创造性,培养学生的创新意识,促进学生对课堂所学知识的意义建构。

后　记

在上海市《义务教育项目化学习三年行动计划（2020—2022年）》推行之际，我校被确立为上海市义务教育项目化学习实验校。立足上海市松江区丰厚的地域文化，聚焦"松江优秀传统文化探秘之旅"主题，我们成立了总项目组和子项目组，开展了为期三年的跨学科项目化学习的实践与研究。围绕主题，我们主要进行了衣、食、住、行、玩、寻六个子项目的学习探索。三年中，经过多轮的实践与迭代升级，我们形成了比较成熟的项目化学习案例和对关键问题的研究成果，本书就是最主要的成果体现。

本书由王利敏负责框架结构设计和内容修改指导，由赵烨、翟忆文、许营营等负责校对和编辑，是集所有参与教师的智慧而完成的。主要执笔具体分工：探秘初衷部分由王利敏、赵烨执笔；探秘之旅部分，子项目1由翟忆文执笔，子项目2由金兰执笔，子项目3由许营营执笔，子项目4由陈馨怡执笔，子项目5由王利敏执笔，子项目6由朱玉晴执笔；探秘之思部分由王利敏、赵烨和金兰等执笔。修订具体分工：探秘初衷部分由王利敏负责；探秘之旅部分由翟忆文负责；探秘之思部分由赵烨负责。本书内容涵盖了学校跨学科项目化学习探索的主要成果，参与本书撰写的多数教师已经署名，但因篇幅有限，无法将每位参与实践的教师姓名一一列出，在此一并表示感谢。

本书得以出版，要特别感谢上海市教育科学研究院的崔春华老师，不管是对项目化学习的实践还是对本书的撰写，崔老师都给出了很多具有建设性的意见和建议。要感谢上海教育出版社的杜金丹等老师，感谢她们认真负责的审核与校对，保证了本书的质量。还要感谢在项目设计、实施与案例撰写中，积极参与并付出努力的每位项目组教师。

当前，我校的项目化学习研究已经从跨学科项目化学习延展到了学科项目化学习和活动项目化学习，正在积极探索全面推行项目化学习的实践。我们将继续努力，也恳请各位专家学者不吝赐教，以便我们进一步改进与提升。

申伟英
王利敏
2025 年 2 月

图书在版编目（CIP）数据

优秀传统文化探秘之旅 / 申伟英，王利敏主编.
上海：上海教育出版社，2025.3. — ISBN 978-7-
5720-3260-8

Ⅰ. K203-49

中国国家版本馆CIP数据核字第2025LN2574号

责任编辑　杜金丹

封面设计　王　捷

优秀传统文化探秘之旅
申伟英　王利敏　主编

出版发行　上海教育出版社有限公司
官　　网　www.seph.com.cn
地　　址　上海市闵行区号景路159弄C座
邮　　编　201101
印　　刷　上海龙腾印务有限公司
开　　本　700×1000　1/16　印张10.25　插页1
字　　数　152千字
版　　次　2025年5月第1版
印　　次　2025年5月第1次印刷
书　　号　ISBN 978-7-5720-3260-8/G·2901
定　　价　48.00元

如发现质量问题，读者可向本社调换　电话:021-64373213